Helsinki

Jessika Kuehn-Velten und Heiner Labonde

MERIAN-**TopTen**

Höhepunkte, die Sie unbedingt sehen sollten

 Finlandia talo
Politikgeschichte und Konzertgenuss in Alvar Aaltos Vorzeigebau an der kulturträchtigen Töölö-Bucht (→ S. 48).

 Kaivopuisto
Grüne Spielwiese für Jung und Alt, Abendsonnen-Blicke auf die Schären im beliebten Brunnenpark (→ S. 52).

 Stadionin torni
Vom 72 Meter hohen Olympiaturm liegt dem Besucher Helsinki zu Füßen (→ S. 56).

 Senaatintori
Helsinkis Empire-Juwel: Mit Dom, Universität und Senat bildet der Platz den Rahmen für offizielle wie ausgelassene Feiern (→ S. 60).

 Uspenski katedraali
Sichtbarstes Zeichen russischer Spuren in Helsinki ist die prachtvoll ausgestaltete orthodoxe Kathedrale (→ S. 65).

 Ateneumin taidemuseo
Schatzkammer der bildenden Künste mit allen Meistern des Goldenen Zeitalters (→ S. 70).

 Kiasma nykytaiteen museo
Zeitgenössische und experimentelle Kunst im Paradeplatz der Avantgarde (→ S. 76).

 Seurasaaren ulkomuseo
Finnlands ländlich-bäuerliche Geschichte lebt im Freillchtmuseum in herrlicher Insellage (→ S. 78).

 Bummel vom Markt- zum Senatsplatz
Buntes Treiben an Marktplatz und Südhafen, Flanieren und exklusives Shopping auf dem Prachtboulevard Pohjoisesplanadi (→ S. 86).

 Suomenlinna
Helsinkis alte Festungsinseln sind heute ein friedliches Ausflugsziel mit Museen, Cafés und Badeplätzen (→ S. 90).

MERIAN-Tipps ⋯→
finden Sie auf Seite 128

Inhalt

Erläuterung der Symbole

*Für Familien mit Kindern
besonders geeignet*

*Diese Unterkünfte haben
behindertengerechte Zimmer*

*Preise für 2 Personen im
Doppelzimmer ohne Frühstück:*

●●●● *ab 200 €*	●● *ab 100 €*	
●●● *ab 150 €*	● *bis 100 €*	

*Preise für ein Menü mit Vorspeise
und Dessert, ohne Getränke:*

●●●● *ab 28 €*	●● *ab 15 €*	
●●● *ab 22 €*	● *bis 15 €*	

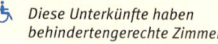

Karten und Pläne

*Die Buchstaben-Zahlen-Kombinationen
im Text verweisen auf die Planquadrate
der Karten, z. B.*

⟶ S. 116, A 8 Kartenatlas
⟶ S. 91, C 2

Mit Stadtplan

Helsinki stellt sich vor

Metropole am Wasser – mit seiner unvergleichlichen Lage am Meer, den historischen Gebäuden, den prächtigen Fassaden und dem alles überragenden Dom setzt sich das »Paris des Nordens« eindrucksvoll in Szene.

Zwischen Weltläufigkeit und Überschaubarkeit, pulsierendem Leben und Bodenständigkeit findet Finnlands junge Hauptstadt Helsinki eine wunderbare Balance.

Helsinki – das mutet schon vom Klang her hell und freundlich an, genauso wie die Stadt am Ostseestrand auch wirklich ist. Finnlands Hauptstadt erobert die Herzen seiner Besucher zunächst mit der unvergleichlichen Lage am Meer, das Ge-

Perle an der Ostsee

schichte und aktuelles Leben der Stadt prägt. Einen wunderbaren Eindruck davon vermitteln **Südhafen** und **Marktplatz** mit sommerlichem, entspanntem und doch buntem Treiben, mit Straßenmusikanten, an- und ablegenden Ausflugsbooten und Caféterrassen, mit historischen Gebäuden, prächtigen Fassaden und Wahrzeichen immer im Hintergrund, in Reich- und Sichtweite.

Wenn die Tage am längsten sind, wenn die späte Abenddämmerung fast in ein frühes Morgenlicht übergeht, dann atmet Helsinki Sommer und Leben, dann sitzt man bis spät abends draußen im Park, am Ufer der Ausflugsinsel **Suomenlinna** oder angeregt plaudernd vor einem der vielen Clubs, Bars und Restaurants. Dann ist zu spüren, dass die Helsinkier die Südländer unter den Finnen sind, weltoffen und lebensfroh. Doch auch im Winter bewahrt die Stadt ihr Flair, wenn in der Adventszeit die Lichter angehen, die Weihnachtsmärkte in **Esplanadenpark** und **Altem Studentenhaus** festliche Stimmung versprechen, oder später dann, wenn der Schnee auch im dunklen Winter eine ganz andere Art Licht bringt.

Die relativ junge Hauptstadt ist nicht Finnlands erste: 1812 wurde das bis dahin eher ländlich-bedeutungslose Helsinki per Zarendekret aus strategischen und handelspolitischen Gründen Nachfolgerin der ehrwürdigen Hansestadt Turku. Turku lag damals, als Finnland russisches Großfürstentum wurde, den

russischen Herrschern zu nah am feindlich betrachteten Schweden, war ihnen zu sehr schwedisch geprägt. Die neue Hauptstadt sollte besser mit St. Petersburg zu verbinden sein, sollte einen Kontrapunkt mit Blick auf das fast gegenüberliegende heutige Tallinn bilden, das nun geschätzter estnischer Partner und lohnendes Ausflugsziel von Helsinki aus ist, schnell mit dem Boot zu erreichen. Helsinkis erste Aufgabe war schon länger festgeschrieben: Tor zum Seehandel sollte es sein, ebenso auch Verteidigungsstützpunkt.

Auch wenn die erste Besiedlung Helsinkis natürlich viel weiter zurück datiert – die junge Geschichte als Metropole bringt es mit sich, dass das Stadtbild von architektonischer Planung erst jüngeren Datums geprägt ist, dass keine mittelalterlichen Spuren zu entdecken sind, anders als in den Nachbarstädten im weiteren Umkreis, wie etwa in Turku oder Porvoo. Aber auch Bauten aus dem 17. und beginnenden 18. Jahrhundert fehlen. Grund dafür ist nicht zuletzt die Brandkatastrophe, die 1809 fast die

Stadt in Bewegung

ganze damalige Holz-Stadt in Schutt und Asche legte. Von Neoklassizismus über Nationalromantik, das finnische Pendant zum Jugendstil, bis zu Funktionalismus und Moderne reicht so heute die Baustil-Palette, sieht man einmal von einigen Inseln alter Holzarchitektur ab. Das älteste noch erhaltene Steinhaus, das **Sederholm-Haus**, datiert erst von 1757. Und doch bringt genau diese noch unabgeschlossene Entwicklung, zu der zum Teil auch gehört, dass Helsinki mit Finnland erst seit der Unabhängigkeit 1917 sein eigenes, unabhängiges Gesicht zeigen und gestalten darf, die Frische und Lebendigkeit, die Entwicklungs- und Veränderungsfreude mit sich, mit der Helsinki positiv auffällt.

Helsinki ist eine der europäischen Hauptstädte, die das prozentual größte Wachstum an Einwohnerzahlen aufweisen – und verkraften müssen. Dieser Umstand birgt Ambivalenz. Auf der einen Seite wird Helsinki mehr und mehr Groß- und Weltstadt. Die langsame Verschmel-

Auf dem Weg zur Weltstadt

zung mit Espoo, Vantaa und den kleineren direkten Nachbarn zur Hauptstadtregion bringt einen Zuwachs an Wirtschaftskraft, Entwicklungs- und Vermarktungsmöglichkeiten in den Sparten Technik, Hoch- und Biotechnologie, IT, Wissenschaft und Forschung, neben Holz- und Papierverarbeitung wichtigste Standbeine der finnischen Ökonomie. Das Selbstbewusstsein als weltläufige Metropole führt zu einer deutlicheren Wahrnehmung Helsinkis in anderen Ländern und zu einer größeren touristischen Aufmerksamkeit. Galt noch vor etwa 20 Jahren Helsinki (zu Unrecht!) als verschlafen, als wenig aufregendes

Reiseziel, haben inzwischen Individualtouristen die Perle der Ostsee für sich entdeckt. Das stärkt Helsinki.

Andererseits lebt inzwischen fast jede/r vierte finnische Bürger/in im Hauptstadtgürtel. Auch wenn Helsinki mit 570 000 Einwohnern eher überschaubar ist, wächst die Zahl derzeit doch jährlich um weitere 10 000. Und so hat Finnland insgesamt mit dem Erhalt seiner funktionierenden Infrastruktur zu kämpfen, ist von Problemen infolge von Landflucht betroffen. Trotz des Wachstums gibt die Stadt ihre Grundsätze behutsamer Bebauungsplanung und grüner Einbindung nicht auf – in den alten, umzugestaltenden zentrumsnahen Stadtteilen wie **Sörnäinen**, **Jätkäsaari** und, bereits fertig zu sehen, **Ruoholahti** ebenso wie in den neu entstehenden und angelegten Stadtgebieten. Die »Gartenstadt« **Viikki** und die neue »Hafenstadt« **Vuosaari** sind Beispiele. Helsinki erlaubt bis dato keinen Bau von Wolkenkratzern – so kommt es, dass das neunstöckige Glashaus

Suomenlinna (→ S. 90), in die Farben des Sommers getaucht. Die Ausflugsinsel vor Helsinkis Haustür ist ein beliebtes Naherholungsziel der Hauptstädter.

Sanomatalo in Bahnhofsnähe schon wie ein Hochhaus wirkt. Und es hält an dem Grundsatz fest, dass mindestens 30 Prozent der Fläche Helsinkis grün bleiben sollen, den Bewohnern als Naherholungsgebiete, Freizeitstätten und Gartenanlagen zur Verfügung stehen. Ob diese Grundsätze auch in der Zukunft eingehalten werden können – es ist zu hoffen.

Helsinkis Charakter ist immer ein auch etwas ruhigerer, beschaulicherer, eben auch naturnäherer und ursprünglicherer gewesen als andernorts. Besucher, von denen Helsinki im

Trendiges Reiseziel mit familiärem Touch

Vergleich europäischer Hauptstädte bislang weniger sah, werden mit großer Selbstverständlichkeit und der den Finnen eigenen Herzlichkeit, ohne Hektik und Stress auf- und hineingenommen in Helsinkis Leben. An dieser Stelle muss die Stadt sicher achtgeben, dass es die wunderbare Balance zwischen weltläufiger Stadt und Überschaubarkeit, zwischen pulsierendem Leben und Bodenständigkeit, zwischen szenigem Trendziel,

schräger Liebenswürdigkeit und familiärer Atmosphäre nicht verliert.

Eines scheint jedenfalls gut im Gleichgewicht zu stehen: die soziale Mischung, das soziale Miteinander in den einzelnen Stadtvierteln. Es gibt kaum einen Stadtteil, der sich in seiner Grundstruktur nicht geöffnet und gewandelt hätte. Sicher, das Jugendstilviertel **Eira** ist und bleibt eher eine Wohnadresse für Gutsituierte. Rund um den **Bulevardi** aber, im **Design District**, wohnen inzwischen hinter den klassischen und ehrwürdigen Fassaden der schönen Stadthäuser vermehrt junge Leute, haben sich Künstler angesiedelt. Und auch die einst ärmeren alten Arbeiterstadtteile **Hakaniemi** und **Kallio** haben dieses Image längst ablegen können, wenn sie es auch bisweilen noch gern ein wenig pflegen. Auch hier: Szenekneipen, Kreative und Medienleute, junge Familien, Angestellte ebenso wie immer noch gestandene Arbeiter in gutem Mix. Geschlossene Stadtteile mit schwierigen sozialen Gesamtlagen scheint es hingegen in Helsinki nicht zu geben, meist herrscht ein gesundes Nebeneinander.

Architektur im neuen Look: Sanomatalo (→ S. 59). Das 41 Meter hohe Bürogebäude mit Glasfassade ist Sitz der Tageszeitung »Helsingin Sanomat«.

Kulturell und in punkto Lifestyle ist Helsinki eine wahre Fundgrube. Das gilt für Museen und Kulturfabriken, für alternative Kunstszene und Avantgarde ebenso wie für Shoppingmöglichkeiten, Gastronomieszene und Nightlife. Dabei schafft Helsinki auch hier gelungene Mischungen, wie zwischen Hoch- und

Blühendes Kulturleben

Popularkultur. Das meiste ist auf Bürgernähe ausgerichtet, und das ungeachtet des kulturellen Anspruchs: Zugänglichkeit, Offenheit, Bezahlbarkeit sind die Stichworte. Wobei auch das finnische Publikum besonders gut mitspielt, schaut man sich die Besucherzahlen von Museen, Oper und Theater, Kino, Konzerten und Vernissagen an. Es ist im Besonderen die Musikszene, die im Ausland Beachtung findet, die heute einen Anziehungspunkt Finnlands und Helsinkis darstellt. Gruppen wie HIM und Nightwish haben dafür gesorgt, jetzt schaut zumindest Europa auch auf nachfolgende Talente. Moderne Folkgruppen feiern nicht nur im eigenen Land, sondern bis nach Japan Erfolge. Und im Klassik-Genre haben schon lange finnische Dirigenten wie Jukka-Pekka Saraste und Leif Segerstam ebenso wie auch zeitgenössische Komponisten einen überaus klangvollen Namen.

Die Gastronomie in Helsinki explodiert regelrecht, die Zahl der Übernachtungsmöglichkeiten steigt ebenso wie die der Restaurants, der Clubs und Dancefloors, der Nachfrage entsprechend. Der Wechsel der Etablissements wird dabei schnelllebiger. Die Internationalität und Fantasie in den Küchen blüht, auch hier aber oft mit Rückbezug auf finnische Eigenarten. Ähnliche Entwicklungen sind zu beobachten, wenn man die Design- und Shoppinglandschaft der Metropole beobachtet. In jeder Beziehung: Helsinki ist eine Stadt im Aufbruch.

Was für ganz Finnland gilt, gilt auch für Helsinki: Bildung wird groß geschrieben. Die PISA-Studien haben es der restlichen Welt immer wieder gezeigt. Dabei beschränkt sich Ausbildung in Suomi nicht auf das klassische Schulwesen. Besondere Talente werden wertgeschätzt, auch kreative Fähigkeiten entdeckt und gefördert. Die **Sibelius-Akademie**, Helsinkis Musikhochschule, hat einen Ruf weit über Finnland hinaus, bürgt für erstklassige Leistungen ihrer Absolventen. Im Stadtteil **Arabianranta** entlassen die Hochschule für Kunst und Design sowie das Jazz- und Pop-Konservatorium ähnlich hochklassigen Nachwuchs. Begegnung und Zusammenarbeit sind dabei immer wichtig – ebenso wie für die breite Bevölkerung. Viele Stadtteile verfügen über Kultur- und Begegnungszentren, die für Erwachsenenbildung und Interkulturalität stehen, wie das Caisa in

Talentschmiede Helsinki

Kaisaniemi oder das Annantalo im Stadtzentrum, das den Schwerpunkt auf Kinder und Jugendliche richtet.

Und schließlich ist es einfach die Lage inmitten schöner Natur, die Helsinki so liebenswert macht. Die Stadt, die nicht auf Sand gebaut ist, sondern auf festen Granit, der immer wieder zwischen Grün und Bebauung hervorlugt, ist eine der grünsten Hauptstädte Europas, mit vielen Parks und Blumenflächen, mit ungezählten Kilometern Spazierwegen, mit mal flachen, mal tief eingebuchteten Uferlinien, mit Hunderten ins Wasser gesprenkelter Inseln und Schären. Das zeigt der Uferspaziergang im **Kaivopuisto**, dem Brunnenpark, genauso wie der Weg zu Fuß, mit dem Fahrrad oder auf Skiern durch den **Zentralpark** ganz bis zum Stadtrand im Norden, mitten durch fast unberührt wirkende Natur.

Gewusst wo ...

Die A21 Cocktail Lounge (→ S. 31) ist ein beliebter Spot für Helsinkis Nachtschwärmer. Die mit großer Könnerschaft und Hingabe gemixten Drinks eignen sich als Starter für ein Dinner oder als Abschluss eines gelungenen Theaterabends.

Design- oder Familienhotel, Shopping zwischen Luxus und Trödel, Gaumenfreuden von boden- ständig bis Gourmet, Opernabend oder Party- spaß – Abwechslung ist garantiert.

Übernachten

Alles ganz zentral: Boutique-Hotel, Jugendstil-schlösschen oder Appartement auf Zeit.

Stilvoller Empfang: Bereits die Rezeption mit geschwungener Theke und wie Eiskristalle anmutenden Lüstern lässt erahnen, dass das Klaus K. Hotel, 2005 als erstes Lifestyle-Hotel Finnlands eröffnet, seine Gäste exklusiv und extravagant bettet.

Im Zuge des Bau- und Tourismus-booms entstanden und entstehen in Helsinki etliche neue Hotels, vor allem der gehobenen Klasse. Doch seit einigen Jahren gibt es Bestrebungen, Alternativen zu den herkömmlichen Hotels zu schaffen. So stehen Appartements zur Verfügung, die zwar erst ab mehreren Tagen zu mieten, dafür aber preislich attraktiv sind, oder Hotels ohne Rezeption.

Die Hotelpreise unterliegen starken Schwankungen und variieren nicht nur saisonal zwischen günstigen Sommer- und höheren Winterpreisen, Wochenendofferten und regulären Wochentagstarifen, sondern auch je nach Aktionen, in Helsinki stattfindenden Events und Tagungen.

In den klassischen Hotels ist das reichhaltige Frühstücksbuffet im Zimmerobolus eingeschlossen, es geht über den kontinentalen Usus oft weit hinaus. Sehr viele Häuser verfügen über barrierefreie Zimmer, und die meisten sind komplett rauchfrei. Es ist in aller Regel nicht schwierig, vor Ort ein Zimmer zu bekommen – außer zu Mittsommer, zu Festivals und Großveranstaltungen. Dann ist die Reservierung ein Muss. In den Hotels ab gehobener Mittelklasse ist WLAN-Anschluss in allen Zimmern inzwischen Standard.

Sinnvoll zu prüfen sind Ermäßigungen mit Hotelschecks. Einige finnische Ketten wie Sokos haben solche Schecks im Programm; hotelübergreifend operiert **Finncheque** (www.finncheque.fi), die es für zwei Hotelkategorien gibt und die von Mai bis September täglich sowie an den Wochenenden im restlichen Jahr Gültigkeit haben. Sie kosten für eine Übernachtung im Doppelzimmer pro Person 41 Euro in Kategorie II, 50 Euro in Kategorie I, zu beziehen vorab im Heimatland über auf Nordeuropa spezialisierte Reisebüros. Attraktive Paketlösungen werden oft von Flug- und Fährgesellschaften in Kombination mit An- und Abreise geschnürt.

HOTELS ●●●●

Hotel Haven ┄┄> S. 120, B 13

Das exklusive neue Haus in der Nähe des Südhafens ist Finnlands einziges Mitglied der Kette »Small Luxury Hotels of the World«. Dem entspricht die perfekte Mischung aus intimer Atmosphäre und hochklassigem Service. Dazu wartet die Adresse mit zwei Spitzenrestaurants auf: Havis und G. W. Sundmans. Die Wellness-Abteilung rundet den Aufenthalt ab.
Unioninkatu 17; Tram 1, 3T: Kauppatori; Tel. 09/61 28 58 50; www.hotelhaven.fi; 77 Zimmer ●●●● &

Hotel Kämp ┄┄> S. 120, A 13

Eine wahre Luxusherberge war das Kämp schon immer. Zu Anfang des 20. Jh. Treffpunkt für Künstler und Boheme (hier tranken und diskutierten schon Gallen-Kallela und Sibelius), ist das Hotel seit seiner glanzvollen Wiedereröffnung kurz vor der Jahrtausendwende mehr denn je ein ganz besonderes Domizil mit eleganten Zimmern und Suiten, Gourmetrestaurant, Day Spa und mehr.
Pohjoisesplanadi 29; Bus 24; Tel. 09/57 61 11; www.hotelkamp.fi; 179 Zimmer ●●●● &

HOTELS ●●●

Klaus K. Hotel ┄┄> S. 120, A 13

Das erstklassige Designhotel am Tor zum Design District zeigt sich als bestechende Mischung aus modernem Komfort und einem durchkomponierten Ambiente mit Anklängen an das finnische Nationalepos »Kalevala«. Von den individuell ausgestatteten Zimmern bis zur vortrefflichen Gastronomie ein Genuss.
Bulevardi 2; Tram 3T, 6: Erottaja; Tel. 0 20/7 70 47 00; www.klauskhotel.com; 137 Zimmer ●●● bis ●●●●

Crowne Plaza Helsinki ┄┄> S. 115, E 3

Großes First-Class-Hotel mit modern und großzügig eingerichteten Räumen, schön gelegen mit Anbindung zur grünen Töölöbucht. Niveauvolles

Restaurant und gemütliche Bars ergänzen den angenehmen Aufenthalt. Großes Angebot an Dienstleistungen im Haus: vom Friseur über Day Spa bis Autovermietung.
Mannerheimintie 50; Tram 4, 7, 10: Kansallismuseo; Tel. 09/25 21 00 00; www.crowneplaza-helsinki.fi; 349 Zimmer ●●● ♿

Hotel Aleksanteri   ⤙⤚⟩ S. 119, F 9

Am reizvollen Bulevardi gelegen, eher ruhig und doch mittendrin in einem lebendigen Viertel mit schöner Bebauung, Boutiquen und Gastrobetrieben. Das Hotel mit historischer neoklassizistischer Fassade wartet mit geräumigen, stilecht und doch modern im individuellen Mix gestalteten Zimmern auf, mit Komfort und freundlichem Personal.
Albertinkatu 34; Tram 6: Aleksanterin teatteri; Tel. 0 20/1 23 46 00; www.sokoshotels.fi; 151 Zimmer ●●● ♿

Hotel Glo   ⤙⤚⟩ S. 120, A 13

Vom Design-Hotel im Herzen der Stadt, dem modernen urbanen Lebensstil verpflichtet, sind es nur wenige Schritte zu den Top-Shoppingadressen. Die Zimmer sind geräumig und gut ausgestattet, und es gibt ein großes Fitnessangebot. Beachtenswert ist die katalonisch-baskisch angehauchte Küche.
Kluuvikatu 4; Tram 7: Aleksanterinkatu; Tel. 0 10/3 44 40 00; www.palacekamp.fi; 144 Zimmer ●●●

Hotel Katajanokka   ⤙⤚⟩ S. 120, C 13

Wo einst schwere Jungs einsaßen, lässt sich jetzt vortrefflich übernachten. Im ehemaligen Gefängnis von Katajanokka mit seinem ganz eigenen Charme warten komfortabel gestaltete Zimmer sowie eine gut sortierte Speisekarte auf Einsitzende. Hofgang im umgebenden Parkgelände und auf der Sonnenterrasse.
Vyökatu 1; Tram 4: Vyökatu; Tel. 09/68 64 50; www.bwkatajanokka.fi; 106 Zimmer ●●●

Hotel Linna   ⤙⤚⟩ S. 119, F 9

Wohnen in einer nationalromantischen Burg: Finnischer Jugendstil vom Feinsten empfängt die Gäste in der Eingangshalle. Die Zimmer sind modern und nordisch elegant eingerichtet. Eine gute Symbiose von Funktionalität und gediegen nostalgischem Flair umgibt das kleine familiäre Hotel. Eine Versuchung ist die französisch inspirierte Küche. Und auch die finnische Sauna zur Regenerierung nach dem Sightseeing fehlt natürlich nicht.
Lönnrotinkatu 29; Tram 6: Aleksanterin teatteri; Tel. 0 10/3 44 41 00; www.palacekamp.fi; 48 Zimmer ●●●

Hotel Torni   ⤙⤚⟩ S. 119, F 9

Im markanten und geschichtsträchtigen Turm-Hotel – 14 Stockwerke, 1928 erbaut – darf der Gast auf drei in sich stimmige Interieurs gespannt sein: Es gibt modern gestaltete Zimmer, solche im Stil des Art déco und Räume mit vom Jugendstil inspirierter Ausstattung. Das zentral, doch eher ruhig gelegene Hotel bietet Abwechslung auch für Gaumen und Kehle. Nicht vergessen sollte man den Besuch der Ateljee-Bar: kulinarischer Genuss mit grandiosem Blick.
Yrjönkatu 26; Tram 3T: Simonkatu; Tel. 0 20/1 23 46 04; www.sokoshotels.fi; 152 Zimmer ●●●

Radisson SAS Plaza Hotel
⤙⤚⟩ S. 116, A 8

Hotelkomfort in Nähe zu Bahnhof und Ateneum in würdiger Kulisse: Teile des Plaza stehen wegen ihrer sehenswerten Fassade und des Interieurs unter Denkmalschutz. Daneben gibt es einen harmonisch angefügten modernen Trakt. Sinnliche Genüsse verspricht die Restaurantwelt Pääkonttori in unterschiedlich dekorierten Räumen mit jeweils eigenem Ambiente.
Mikonkatu 23; Tram 3B/T, 6, 9: Rautatieasema; Tel. 0 20/1 23 47 03; www.radisson.com; 291 Zimmer ●●● ♿

HOTELS ●●

Hotel Arthur 👪 ⸱⸱⸱⸱❯ S. 116, A 8

Das privat geführte Haus beim Kaisaniemi-Park, früher ein Hospiz, ist nicht zuletzt des freundlichen, auskunftsfreudigen Personals wegen beliebt. Zu empfehlen sind vor allem die Räume der jüngsten Erweiterung. Speziell für Reisende mit Nachwuchs gibt es größere Familienzimmer.

Vuorikatu 19; Tram 3B, 6;
Metro: Kaisaniemi; Tel. 09/17 34 41;
www.hotelarthur.fi; 167 Zimmer ●●

Hotel Carlton ⸱⸱⸱⸱❯ S. 116, A 8

Das recht neue, kleine Hotel in einem Stadthaus aus den 1930ern ist das Richtige für Leute, die den Herzschlag der Stadt auskosten wollen, um dann auf kurzem Wege ein sicheres Nest zu finden. Moderne, funktionelle Zimmer. Und der zugehörige Voda Club nebst Restaurant ist gleich im Haus.

Kaisaniemenkatu 3; Tram 3B/T, 6,
Metro: Kaisaniemi; Tel. 09/6 84 13 20;
www.carlton.fi; 20 Zimmer ●●

Hotelli Helka ⸱⸱⸱⸱❯ S. 115, E 4

Freundlich, hell und gepflegt präsentiert sich das Helka an der Grenze zwischen Kamppi und Töölö. Die Inneneinrichtung ist in skandinavischem Stil gehalten, Möbel und Wohnaccessoires von Alvar Aalto und der Design-Firma Artek setzen markante, spannende Akzente. Einen zu Recht guten Ruf genießt Aurinko (Sonne), das Restaurant des Hauses.

Pohjoinen Rautatiekatu 23; Tram 3T,
Metro: Kamppi; Tel. 09/61 35 80;
www.helka.fi; 149 Zimmer ●● ♿

HOTELS ●

Omenahotelli

Im Apfel-(Omena-)Hotel lässt sich angenehm und preisgünstig nächtigen. Das Haus ohne Rezeption (Check-in mit Code am Terminal vor Ort, Reservierung per Internet/Telefon oder am Terminal) hat Zimmer mit gutem, zweckmäßigem Standard inklusive Minikühlschrank und Mikrowelle für Selbstversorger unter den Gästen. In Helsinki ist die Kette inzwischen mit zwei Adressen vertreten.

Eerikinkatu 24; Tram 3T, Metro: Kamppi;
95 Zimmer ⸱⸱⸱⸱❯ S. 119, F 9
Lönnrotinkatu 13, Tram 6: Aleksanterin
teatteri; 69 Zimmer ⸱⸱⸱⸱❯ S. 119, F 9
Tel. 06 00/1 80 18 (Mo–Fr 9–16 Uhr);
www.omenahotels.fi ● bis ●●

Hotelli AVA 👪
⸱⸱⸱⸱❯ S. 116, nördl. B 5

Etwas außerhalb des Zentrums in Vallila gelegen, aber mit guter und schneller Anbindung ans Zentrum. Unlängst renoviert, zeichnen das Ava einfache, dabei freundliche und helle Räumlichkeiten aus. Kleines Restaurant und Saunabereich, gutes Preis-Leistungs-Verhältnis.

Karstulantie 6; Tram 1, 7: Rautalammintie; Tel. 09/77 47 51; www.ava.fi;
75 Zimmer und Appartements ●

APPARTEMENTS

Domin Rental Apartments 👪
⸱⸱⸱⸱❯ S. 120, A 13

Hotelappartements unterschiedlicher Größe vom Studio ab 30 qm bis zum Reich für die ganze Familie sind ab einer Dauer von vier Tagen verfügbar. Zur Ausstattung gehören Küche, Waschmaschine, bei einigen größeren sogar eigene Sauna.

Rezeption: Uudenmaankatu 4–6 H (Mo–Fr
10–17 Uhr); Tram 3B, 6: Erottaja; Tel.
09/6 87 79 40; www.dominrental.com ●●

Citykoti Huoneistohotelli
⸱⸱⸱⸱❯ S. 119, E 9

Das Unternehmen vermietet für einen Zeitraum ab zwei Tage (bzw. 128 € Mindestrechnung) – je länger, umso preisgünstiger – diverse Appartements unterschiedlicher Größe und Ausstattung in Zentrumsnähe. Die meist zwischen 20 und 35 qm großen Studios sind mit Kitchenette und Waschmaschine ausgestattet.

Rezeption: Malminkatu 38 (Mo–Fr 10–
16 Uhr); Tram 3B, Metro: Kamppi;
Tel. 0 50/5 55 00 58; www.citykoti.com ●

Essen und Trinken

Finnische Kochtraditionen und internationale Cuisine genießen ihre gegenseitige Verfeinerung.

Klar und sachlich das Ambiente, schlicht und schnörkellos die Küche: Das Restaurant Olo im Herzen der Stadt setzt erfolgreich auf die moderne nordische Gourmetküche.

Die traditionelle finnische Küche ist eher bodenständig, die Wurzeln liegen in gesunder Hausmannskost. In Helsinkis Restaurants wird die Tradition verfeinert und mit internationalen Einflüssen kunstvoll gemischt. Frisches aus Wald und Feld kommt auf den Tisch. Spezialitäten sind Rentiergeschnetzeltes und Elchbraten, frischer Fisch wie Lachs mit Dill, Hecht, Zander oder Heilbutt, Ostseehering und Meeresfrüchte.

Russische und **schwedische Einflüsse** können in der jahrhundertelangen Abhängigkeit Finnlands nicht ausgeblieben sein, und so verfügt Helsinki über exquisite russisch geprägte Speiseadressen, in denen »Vorschmack« (Fleischgericht), »Blinis« (Pfannkuchen) und auch schon mal Bär serviert werden. Schwedische Reminiszenzen zeigen sich u. a. in den Heringsmarinaden. Auch lappländische Küche findet sich.

Helsinkis gastronomische Szene ist in den letzten Jahren fantasievoller geworden – in beide Richtungen: Das traditionell Finnische wird wieder mehr gepflegt, gleichzeitig lassen internationale Möglichkeiten von Japan bis Nahost, von Italien bis Südamerika keine Wünsche offen. Unter dem Zeichen »Helsinki Menu« erwarten in ausgesuchten Restaurants auf hohem Niveau regionaltypisch komponierte Speisen den Gast, grundsätzlich eine wenn auch nicht immer preiswerte Empfehlung.

Der Tag im Hotel beginnt mit dem meist reichhaltigen Frühstücksbuffet, dem »Aamiainen«. Zur Mittagszeit ist eine leichtere **Mahlzeit** oder ein Snack zum »Lounas« üblich. Nach einer nachmittäglichen Kaffeepause geht es in die Abendstunden mit der Hauptmahlzeit »Illallinen«. Viele Restaurants haben volles Schankrecht (»A-oikeudet«). Zum Essen schmecken finnisches Bier (»Olut« oder, frisch gezapft, »Tuoppi«), internationale Weine, »Siideri« (eine Art Apfelwein) oder Alkoholfreies.

RESTAURANTS ●●●●
Bellevue ⤳ S. 120, B 13

Das älteste russische Restaurant Helsinkis liegt passend im Schatten der Uspenski-Kathedrale und zeigt sich typisch, aber nicht überladen folkloristisch gestylt. Blinis, Hühnchen Kiew und Stroganoff gehören zu den Standards der exquisiten Küche, Wildente und Bärensteak zu den besonderen Köstlichkeiten.

Rahapajankatu 3; Tram 4: Katajanokan puisto; Tel. 09/17 95 60; www.restaurantbellevue.com; Mo–Fr 11–24, Sa 17–24 Uhr ●●●●

Olo ⤳ S. 120, A 13

Moderne nordische Gourmet-Cuisine, wechselnd im Zyklus der Jahreszeiten, erwartet den Gast in Helsinkis ganzem »Sein«, das bedeutet der Restaurantname Olo. Lunchmenüs, Kochkurse und Weinverkostungen, gut sortierte Bar – und eine Terrasse mit echtem Loungefeeling.

Kasarmikatu 44; Tram 10: Kolmikulma; Tel. 09/66 55 65; www.olo-ravintola.fi; Mo 11.30–14, Di–Do 11.30–24, Fr 11.30–2, Sa 17–2 Uhr ●●●●

Ravintola Savoy ⤳ S. 120, A 13

Eines der elegantesten Restaurants der Stadt liegt am Esplanadenpark, mit zwei besonderen Pluspunkten: Von der Terrasse im 8. Stock genießt man einen spektakulären Ausblick über die Stadt, und die Inneneinrichtung des Speisetempels gestaltete 1937 der berühmte finnische Architekt Alvar Aalto.

Eteläesplanadi 14; Tram 1, 3T: Kauppatori; Tel. 09/68 44 02 10; www.royalravintolat.com; Mo–Fr 11.30–15 und 18–24 Uhr ●●●●

RESTAURANTS ●●●
Lappi ⤳ S. 119, F 9

Im Inneren des ersten Lappland-Restaurants in Helsinki wird urtümliche Blockhausatmosphäre simuliert: viel Holz, viel rustikale Eleganz, Dachkonstruktionen im Stil der mehreckigen

MERIAN-Tipp

 **Nokka**

Das historische Speicherhaus an Katajanokas Ufer wirkt schon von außen einladend mit der großen Schiffsschraube an der Außenwand. Die Terrasse gibt den Blick auf schaukelnde Boote im Yachthafen frei. Beim Entree trifft man zunächst auf den in warmen Farbtönen gehaltenen Barbereich. Dann nimmt der Gast an weiß gedeckter Tafel vor belassenen Backsteinwänden Platz. Hier hat Eleganz eine ansprechende Wärme. Die hohe finnische Küche mit stets frischen Zutaten, von lokalen Märkten oder ausgesuchten Händlern bis nach Lappland, ist ein Genuss. Die Wahl besteht zwischen à la carte von Räucherlachs mit Spinat und Fenchel bis zum Mandelsoufflé mit Beereneis oder einem komponierten Helsinki Menü mit sechs Gängen.

Kanavaranta 7 F; Tram 4: Ritarihuone; Tel. 09/61 28 56 00; www.royalravinto lat.com; Mo–Fr 11.30–24, Sa 18–24 Uhr
●●● bis ●●●●   ┈┈⟩ S. 116, B 8

Kota-Hütten. Auch die Speisen – Rentierhaxe, Elch, Schneehuhn, Fisch von Saibling bis Renke – werden stilecht auf dem Holzbrett serviert.
Annankatu 22; Tram 3B, 6: Fredrikinkatu; Tel. 09/64 55 50; www.lappires.fi; Mo–Fr 12–22.30, Sa–So 13–22.30 Uhr
●●● bis ●●●●

Demo   ┈┈⟩ S. 120, A 13
Die unkonventionellen und umtriebigen Küchenchefs Teemu Aura und Tommi Tuominen mit Inspirationsfaktor für Helsinkis gesamte Gastroszene zaubern exzellente Kreationen wie Gänsebrust an Kumquatsauce oder Artischockenravioli – außerdem tolle Desserts.
Uudenmaankatu 9-11; Tram: 3B, 6: Erottaja; Tel. 09/22 89 08 40; www. restaurantdemo.fi; Di–Sa 16–23 Uhr ●●●

FishMarket   ┈┈⟩ S. 120, B 13
Was kann es in der Nähe des Südhafens anderes geben als frischen, delikaten Fisch in allen Variationen, als Schalen- und Krustentiere? Neben dem Restaurant in klarem, reinem Weiß, durch Grünpflanzen belebt, mit Bouillabaisse, Flunder, Forelle auf der Karte, hat die Fish-Food-Bar große Anziehungskraft – hier gehen neben Fischhäppchen und kleinen Leckerbissen jährlich etwa 30 000 Austern über den Tisch.
Pohjoisesplanadi 17; Tram 1, 3T: Kauppatori; Tel. 09/13 45 62 20; www.palacekamp.fi; Mo–Sa 17–24 Uhr
●●●

Juuri Keittiö & Baari   ┈┈⟩ S. 120, A 13
Mit Liebe und Stil sind Interieur und Tische gestaltet und gedeckt. Spezialität sind die Sapas, Appetithäppchen à la Suomi: kleine Würstchen mit Wodkasenf, marinierter Lachs auf Malzbrot, Heringspastetchen. Auf der Hauptspeisenkarte stehen Elch, Wildschwein oder frischer Fisch.
Korkeavuorenkatu 27; Tram 10: Kolmikulma; Tel. 09/63 57 32; www.juuri.fi; Mo–Fr 11–23, Sa 12–23, So 16–22 Uhr
●●●

Kellarikrouvi   ┈┈⟩ S. 120, A 13
Gute skandinavische Küche wird hinter der 1901 vom Architektentrio Saarinen, Lindgren und Gesellius geschaffenen Jugendstilfassade serviert, in großzügigen, rustikalen Gewölberäumen. Auf Straßenebene gehört das helle, luftige Fabian dazu, hier gibt's Lounas (Frühstück), Salate, Toasts – und sonntags Brunch.
Pohjoinen Makasiinikatu 6; Tram 3T: Eteläranta; Tel. 09/61 28 51 00; www.royalravintolat.com; Mo–Fr 11–24, Sa 16–24 Uhr ●●●

Savotta   ┈┈⟩ S. 116, B 8
Ostfinnisches Holzfällerleben beschwört das Lokal mit einem Augenzwinkern. Die Tracht der Kellner, die Innengestaltung mit karierten Stoffen

und Holzzäunen passt dazu genauso wie die in Pfannen und Holztöpfen servierten Gerichte, ob Lachsroulade, Lamm, Elchwurst oder, ganz klassisch, karelischer Fleischtopf. Schön sitzt man im Sommer im Innenhof.
Aleksanterinkatu 22; Tram 1, 3T, 4, 7: Senaatintori; Tel. 09/74 25 55 88; www.asrestaurants.com; Mo–Sa 12–23, So 18–23, im Sommer ab 13 Uhr ●●●

RESTAURANTS ●●

Elite ⟶ S. 115, E 3
Seit 1932 war das Elite Treffpunkt für Künstler – wenn sie nicht zahlen konnten, beglichen sie die Zeche mit den Bildern, die man zum Teil noch hängen sieht. Heute noch zieht das Elite auch intellektuelles und kunstbeflissenes Publikum an. Solide Küche, von Auberginenlasagne mit Ziegenkäse bis zu Lachssuppe und Rahmzwiebelsteak.
Eteläinen Hesperiankatu 22; Tram 4, 7, 10: Kansallismuseo; Tel. 09/61 28 52 00; www.royalravintolat.com; Mo–Di 11–24, Mi–Fr 11–1, Sa 14–1, So 14–23 Uhr ●● bis ●●●

Kappeli ⟶ S. 120, A 13
Eine Legende in Helsinki seit über 160 Jahren ist das Kappeli im Esplanadenpark, dieser mit großen Fenstern, gemütlichen Glaserkern und Kuppeln einladende Bau. Er vereint verführerisches Café, kleine Bar, gutes Restaurant mit traditioneller Küche und die beliebteste Sonnenterrasse im Stadtzentrum, den besten Platz zum Sehen und Gesehen werden.
Eteläesplanadi 1; Tram 1, 3T: Kauppatori; Tel. 0 10/7 66 38 80; www.kappeli.fi; Mo–Sa 10–24, So 10–23 Uhr (im Sommer 1 Std. länger) ●● bis ●●●●

Kosmos ⟶ S. 119, F 9
Das Flair von Kunst und Boheme weht auch hier. Als Student noch erhielt der junge Alvar Aalto den Auftrag, das Innere architektonisch zu gestalten – das prägt. Ostseehering, Vorschmack und Geräuchertes vom Ren genießt man so heute zwischen Gemälden und Skulpturen. Seit 1924 ist das Kosmos ganz solide in Familienbesitz.
Kalevankatu 3; Tram 3B, 7: Ylioppilastalo; Tel. 09/64 72 55; www.ravintolakosmos.fi; Mo–Fr 11.30–1, Sa 16–1 Uhr ●● bis ●●●

Savu ⟶ S. 116, C 8
Rauch, so ist der Name des Restaurants im alten Teerspeicher auf der Stadtinsel Tervasaari in Kruununhaka. Und dem macht es Ehre: Nach Rauch riechende Speisekarten verraten Köstlichkeiten wie Lamm-Entrecôte in Rauchbier. Im Grünen sitzt man auf der Sommerterrasse, die auch schon zur Mittags- und Kaffeezeit offen hat.
Tervasaarenkannas 3; Tram 1, 7: Snellmaninkatu; Tel. 09/74 25 55 74; www.asrestaurants.com; Di–Sa 18–23, im Sommer tgl. 11–23 Uhr ●● bis ●●●

Zetor ⟶ S. 120, A 13
Eine Legende lebt im Zetor – Mitglieder der Rockband Leningrad Cowboys gründeten das Lokal. Alte Traktoren sind der Tresen der Bierkneipe, im Restaurant liest man sich durch die witzigen, mit Anekdoten gespickten Speisekarten. Richtig gutes Essen in reellen Portionen kommt auf den Tisch, von Blinis bis Frikadellen, von Maränen bis Lachs, von Rentier bis zu Vanilleeis mit Teersirup als Dessert.
Mannerheimintie 3–5 (Kaivopiha); Tram 3B, 7: Ylioppilastalo; Tel. 0 10/7 66 44 50; www.zetor.net; So–Mo 11–1, Di 11–3, Mi–Sa 11–4 Uhr ●● bis ●●●

Kuurna ⟶ S. 116, B 8
Ein bisschen versteckt liegt die kleine, familiäre gastronomische Insel in Kruununhaka. Direkt, aber charmant ist die Atmosphäre, die Küche beschwört im besten Sinne finnische Kochtraditionen. Wöchentlich wechselnde Menüauswahl.
Meritullinkatu 6; Tram 1, 7: Vironkatu; Tel. 09/67 08 49; www.kuurna.fi; Di–Fr 18–22.30, Sa 16–23 Uhr ●●

Sea Horse ⤳ S. 120, A 14

Herrlich bodenständige, deftige, typisch finnische Küche und Atmosphäre findet man im Seepferdchen. Hier speist der Rentner aus dem Viertel ebenso wie der Künstler vom KOM-Teatteri schräg gegenüber. Schon Sartre und Neruda waren hier zu Gast. Fleischbällchen, Leber oder das Bauernfrühstück Pyttipannu sind Klassiker auf der Karte.

Kapteeninkatu 11; Tram 3B: Kapteeninkatu; Tel. 09/62 81 69; www.seahorse.fi; Mo–Fr 10.30–24, Sa 10.30–1, So 10.30–15 Uhr ●●

RESTAURANTS ●
Kolme Kruunua ⤳ S. 116, B 8

Ein echtes Nachbarschaftsrestaurant, eingerichtet im Stil der 1950-er Jahre, mit herrlichen Buntglasfenstern. Der lokale Maler Ruokolainen hat das Interieur gestaltet. Die Küche serviert gute Hausmannskost – Pyttipannu (Bauernfrühstück), Frikadellchen, Ostseehering.

Liisankatu 5; Tram 1, 7: Snellmaninkatu; Tel. 09/1 35 41 72; www.kolmekruunua.fi; Mo–Sa 16–3, So 14–3 Uhr ● bis ●●

Ravintola Coma ⤳ S. 115, E 4

Ganz italienisch geht es zu im hellen und freundlichen Gastraum. Eindrucksvoll ist die Auswahl an fantasievollen Pasta- und Risottogerichten – und die ebenfalls hauptsächlich italienische Weinkarte. Natürlich fehlen auch Salate und Fleischgerichte wie Kalbsfilet alla Parma nicht. Zum Nachtisch wird leckeres Tiramisu, Schokoladenmousse oder Zitronensorbet kredenzt.

Museokatu 18; Tram 4, 7, 10: Kansallismuseo; Tel. 09/67 76 65; www.coma.fi; Mo–Sa 16–23 Uhr ● bis ●●

Ravintola Gorkha ⤳ S. 120, A 14

Einer der guten Nepalesen in der Stadt! Es gibt viele vegetarische Gerichte, aber auch Fisch, Fleisch und natürlich Tandoori-Spezialitäten zu moderaten Preisen. Die nette, unprätentiöse Atmosphäre und die unaufdringlich-freundliche Bedienung runden das kulinarische Erlebnis ab.

Vuorimiehenkatu 12; Tram 3B: Kapteeninkatu; Tel. 09/67 61 06; www.gorkha.fi; Mo–Do 11–22, Fr 11–23, Sa 13–23, So 13–22 Uhr ● bis ●●

Auf einen Kaffee: Im Café Engel sitzen die Helsinkier beim gemütlichen Zeitunglesen oder angeregtem Plausch. Neben Kaffee und Kuchen serviert es auch kleine Snacks.

Ravintola Ilves ⟶ S. 119, F 9
Das Bistro-Restaurant Luchs gehört zum Komplex der Rockmusik-Bühnen Tavastia und Semifinal. Dem gemischten Publikum schmecken die frischen Salate und Sandwiches, aber auch Suppen, Pasta und Burger.
Urho Kekkosen katu 4-6; Tram 3T, Metro: Kamppi; Tel. 09/77 46 74 25; www.tavastiaklubi.fi; Mo 15–23, Di–Do 15–1, Fr–Sa 15–3 Uhr ●

Silvoplee ⟶ S. 116, A 7
Vegetarier freuen sich über diesen kleinen Mittagstisch in Kallio. Nicht nur die bunten Gemüsekreationen von Satu Silvo sind eine Augenweide, sondern auch die Ausstellungen, denn das Lokal ist auch Galerie.
Toinen linja 3; Tram 1, 3B, 6, 7: Hakaniemi; Tel. 09/7 26 09 00; www.silvoplee.com; Mo–Sa 11–18 Uhr ●

CAFÉS

Café Ekberg ⟶ S. 119, F 9
Ein klassisches Kaffeehaus mit finnlandschwedischen Wurzeln und langer Tradition, gegründet bereits 1852. Hier trifft man sich zu Frühstück oder Lunchbuffet, zu feinen Backwaren, Kuchen und Torten. Im Sommer sitzt man draußen am Boulevard unter schattigen Bäumen.
Bulevardi 9; Tram 3B, 6: Fredrikinkatu; Tel. 09/68 11 86 60; www.cafeekberg.fi; Mo–Fr 7.30–19, Sa 8.30–17, So 9–17 Uhr

Café Engel ⟶ S. 116, B 8
Man kann immer ins Engel gehen: zum Frühstück, zum Lunch, auf einen Snack oder zum Kaffee. Entsprechend gut besucht ist das Bistro-Café, das seinen Namen dem Schöpfer des gegenüberliegenden Senatsplatzes und Gestalter der eigenen Fassade, Carl Ludwig Engel, verdankt. Im kleinen Innenhof findet im Sommer Open-Air-Kino statt.
Aleksanterinkatu 26; Tram 1, 3T, 4, 7: Senaatintori; Tel. 09/65 27 76; www.cafeengel.fi; Mo–Fr 8–21.30, Sa 9–21.30, So 10–21.30 Uhr

MERIAN-Tipp

2 Café Tin Tin Tango
Der Lieblingsplatz am Markt in Töölö ist weit mehr als ein Café mit eigener Bäckerei, ist Treffpunkt, Kneipe, Bistro, Ort zum Klönen und Chillen bei ein paar Gläsern Bier. Einrichtung im Bistrostil, Bilder an den Wänden, Tagesangebote und Preise mit Kreide auf der Wandtafel – das alles schafft eine familiäre, lockere Atmosphäre. Die Zeit spielt hier keine Rolle. Frühstücken kann man bis in den späten Abend hinein. Im Hintergrund laufen finnische Schlager, natürlich Tangomusik und Klassik. Und dann das Unglaublichste: Im Münzwaschautomaten kann man, während man sich stärkt, seine Wäsche waschen, und fürs heiße Vergnügen lässt sich die caféeigene Sauna (für sechs Personen) reservieren. Wo gibt es das schon?
Töölöntorinkatu 7; Tram 3T: Töölön tori; Tel. 09/27 09 09 72; www.tintintango.info; Mo–Do 7–24, Fr 7–2, Sa 9–2, So 10–24 Uhr
⟶ S. 115, E 3

Café Ursula ⟶ S. 120, B 15
Seit über 50 Jahren das beliebteste Strandcafé in Helsinki, am Ufer des Kaivopuisto. An Samstagabenden im Sommer wird House- und Funkmusik aufgelegt, dann startet die tropische Tanznacht.
Ehrenströmtintie 3; Tram 3B: Kaivopuisto; Tel. 09/65 28 17; www.ursula.fi; tgl. 9–22, im Sommer 9–24 Uhr

Karl Fazer Café ⟶ S. 120, A 13
Die süße Verführung schlechthin in Helsinki. Fazer ist Konditorei, Confiserie und eben Café mit inzwischen drei Dependancen in der Stadt. Unvergleichliche Kuchen, Pralinen und Schokolade warten auf Süßmäuler.
Kluuvikatu 3; Tram 4, 7: Aleksanterinkatu; Tel. 0 20/7 29 67 01; www.fazercafe.fi; Mo–Fr 8–22, Sa 9–22, So 13–19 Uhr

Einkaufen

Von Design bis Räucherlachs, von Beerenlikör bis Saunawichtel – Helsinki zeigt Ideenreichtum.

Kunst oder Kitsch? Die Holzelche, feilgeboten in den Helsinkier Souvenirshops, haben als Accessoire in der heimatlichen Wohnung auf jeden Fall Erinnerungswert.

Auch wenn die Auswahl überwältigend ist – die meisten Einkaufsadressen lassen sich im Rahmen eines ausgedehnten Stadtspaziergangs erkunden. Rund um die Esplanaden und im Design District Helsinki (→ MERIAN-Spezial, S. 28) rund um Bulevardi, eingeschlossen die Fußgängerzone Iso Roobertinkatu, liegt das Shoppingparadies Helsinki, dazwischen Cafés und Bistros oft mit netten Außenterrassen. Nicht nur, um typisch finnische Souvenirs, schönes Outfit oder Schmuck zu kaufen – auch einfach für einen Schaufensterbummel eignen sich diese Viertel. Selbst im Winter muss man auf das anregende Vergnügen nicht verzichten – dafür sorgen die vielen überdachten **Einkaufsgalerien** und **-zentren**. Neugierige setzen den Spaziergang Richtung Kamppi in Yrjön- und Eerikinkatu sowie Richtung Süden/Eira in die Straße Korkeavuorenkatu hinein fort.

Für **kulinarische Spezialitäten** wie Rentierschinken oder Räucherlachs ist man in den Markthallen am besten beraten – Spezialgeschäfte, die nicht Supermarkt-Charakter haben, sind eher in den Vororten, allerdings innenstadtnah auch gut in Töölö anzutreffen. Hochprozentigen Alkohol wie finnischen Koskenkorva-Wodka oder Likör z. B. aus arktischen Lakka-Beeren gibt es nicht in Märkten oder Kiosken, sondern lediglich in den Alko-Läden. Manche Viertel haben nach und nach eine Spezialisierung erfahren, wie das ruhige Kruununhaka, wo sich einige gute Antiquitätenhändler niedergelassen haben.

Die **Öffnungszeiten** sind großzügig gestaltet. Kernzeit ist werktags zwischen 10 und 18, samstags 10 und 14 Uhr, aber viele größere Geschäfte, Kaufhäuser und Supermärkte schließen erst gegen 20 oder 21, samstags 16 oder 18 Uhr, vor allem im Sommer und vor Weihnachten, wenn es auch Sonntagsverkauf zwischen 12 und 16 bis 18 Uhr gibt.

ALKOHOL

Alko

Höherprozentige alkoholische Getränke gibt es nur in den staatlichen Alko-Läden, die sich übers Stadtgebiet verteilen. Natürlich führen sie auch eine gute Auswahl an Weinen.
Kaivokatu 6; Tram 3B/T, 6, 9: Rautatieasema   ⤳ S. 116, A 8
Mannerheimintie 9 (Sokos-Kaufhaus);
Tram 4, 7, 10: Lasipalatsi   ⤳ S. 115, F 4

ANTIQUITÄTEN/ANTIQUARIAT

Antik Karl Fredrik   ⤳ S. 116, B 8

Im Antiquitätenviertel rund um die Mariankatu in Kruununhaka ist Karl Fredrik beheimatet mit Möbeln und Wohnaccessoires der bürgerlichen Oberschicht aus dem 18. und 19. Jh.
Mariankatu 13; Tram 7: Vironkatu

Hagelstam   ⤳ S. 119, F 9

Der antiquarische Buchhandel gehört zu den größten und bestsortierten in der Stadt, eine echte Stöberadresse für Freunde alter Druckwerke.
Fredrikinkatu 35; Tram 3B, 6: Fredrikinkatu

BÜCHER/ZEITSCHRIFTEN

Akateeminen kirjakauppa
⤳ S. 120, A 13

Die Buchadresse des Nordens schlechthin – mit riesigen, wohl geordneten Regalflächen, vor allem auch guter fremdsprachlicher Abteilung und schönen Finnland-Bildbänden. Mittendrin: das Café Aalto.
Pohjoisesplanadi 39; Tram 3B, 7, 9:
Ylioppilastalo

DESIGN

Artek   ⤳ S. 120, A 13

Von Alvar und Aino Aalto 1935 mitgegründet, sollte Artek einst funktional-ästhetische Möbel und Einrichtung vermarkten. Der Flagshop der international renommierten Marke tut das heute noch – mit Klassikern von Aalto bis Mies van der Rohe.
Eteläesplanadi 18; Tram 4, 7:
Aleksanterinkatu; www.artek.fi

Galleria Norsu   ⋯⇨ S. 116, A 8

Der Showroom der Vereinigung für neues Kunsthandwerk richtet das Augenmerk auf Zeitgenössisches der nordischen Länder, Themenausstellungen und Verkauf spannen den Bogen von Keramikarbeiten und -skulpturen über Metall- und Holzkunst bis zu textilem Mix.

Kaisaniemenkatu 9/Fabianinkatu 36;
Tram 6, 9, Metro: Kaisaniemi;
www.norsu.info

EINKAUFSGALERIEN/SHOPPINGZENTREN

Forum   ⋯⇨ S. 115, F 4

Rund 120 Shops unter einem Dach decken die ganze Bandbreite von Mode über Gebrauchsgüter und Elektronik bis zu Lebensmitteln, Feinkost und Gastronomie ab. Viele Spots bekannter Marken.

Mannerheimintie 20; Tram 4, 7, 10: Lasipalatsi; www.cityforum.fi

Kampin keskus   ⋯⇨ S. 115, F 4

Das neueste Shoppingzentrum der Stadt ist Kamppi, über dem zentralen Busbahnhof gelegen. Etwa 160 Geschäfte, Läden, Restaurationsbetriebe, Dienstleister und eine Bowlingbahn haben sich angesiedelt.

Narinkka; Tram 3T, Metro: Kamppi;
www.kamppi.fi

GESCHENKE

Aarikka   ⋯⇨ S. 120, A 13

Markenzeichen Aarikkas ist der bunte Holzschmuck: Perlenketten, verschiedenste Ohrringe und Broschen, zum Teil mit Silber verarbeitet, sind fröhliche Farbtupfer im Alltag, dazu kommt ebenso Farbiges aus Holz für den Tisch und als Deko. Mehrere Spots auch in Einkaufszentren.

Pohjopisesplanadi 27; Tram 1, 3T:
Kauppatori

Marttiini   ⋯⇨ S. 116, B 8

Das schärfste finnische Souvenir ist immer noch ein Finnenmesser, das Puukko. Holzgriff, Lederscheide und auf den Punkt geschmiedete Klinge zeichnen es aus – die Finnen machen alles damit, Fisch ausnehmen, Pakete aufschneiden, Holz schnitzen.

Aleksanterinkatu 28; Tram 1, 3T, 4, 7:
Senaatintori; www.marttiini.fi

Saunamarket Finland   ⋯⇨ S. 120, B 13

Ein gelungenes Mitbringsel aus dem Land der Sauna ist alles, was rundum zur Wellness gehört: Saunatücher aus Leinen, Saunadüfte, Aufgusseimer und -löffel aus Holz, Shampoo mit Birkenextrakt und Körperpflege mit Honig – oder ein Saunawichtel.

Aleksanterinkatu 26–28; Tram 1, 3T, 4, 7:
Senaatintori

GLAS/PORZELLAN/KERAMIK

Amfora   ⋯⇨ S. 119, F 9

Vorwiegend in Weiß kommt Tischkultur in gefälliger Formgebung bei der jungen Designerin Päivi Rintaniemi daher. Für textile Ergänzungen arbeitet die Künstlerin mit anderen Kreativen zusammen.

Bulevardi 11; Tram 3B, 6: Erottaja

Grayscale   ⋯⇨ S. 120, A 13

→ MERIAN-Spezial, S. 28

Iittala Shop   ⋯⇨ S. 120, A 13

Die erste Anlaufstelle für alle schönen Dinge der angesehenen Porzellanmanufaktur Arabia (→ Sehenswertes, S. 45) und der Glashütte Iittala macht Vasen, Windlichter, Gläser- und Geschirrserien aus Designerhand zum optischen und haptischen Erlebnis. Hier kommen sich Gebrauch und Kunstobjekt ganz nah.

Pohjoisesplanadi 25; Tram 1, 3T:
Kauppatori; www.iittala.fi

Pentik   ⋯⇨ S. 115, F 4

In ganz Finnland stehen die Pentik-Shops für schöne Tischkeramik und, alles harmonisch aufeinander abgestimmt, Glas, Textilien und Dekoration. Inneneinrichtung in hochwertigem finnischen Landhausstil.

Mannerheimintie 5; Tram 3B, 4, 7, 9:
Ylioppilastalo

Aleksi 13   ⤏ S. 120, A 13

Alteingesessen ist auch Aleksi Kolmetoista, Generationen von Helsinkiern ein Begriff. Die Preise sind etwas günstiger als bei Stockmann. Der Schwerpunkt liegt auf Bekleidung.

Aleksanterinkatu 13; Tram 4, 7: Aleksanterinkatu

Stockmann   ⤏ S. 120, A 13

Finnlands größtes und traditionsreiches Kaufhaus mit guter Delikatessenabteilung und Verkaufsfläche für Designgeschenke hat wirklich alles unter einem Dach, vor allem nach der jüngsten Erweiterung. Ein Muss.

Aleksanterinkatu 52; Tram 3B, 4, 7, 9: Ylioppilastalo; www.stockmann.fi

KINDER

Moomin Shop   ⤏ S. 120, A 13

Alles rund um die von finnischen Kindern (und jung gebliebenen Eltern) heiß geliebten, rundmäuligen Trollfiguren von Tove Jansson, um die die finnlandschwedische Autorin und Zeichnerin viele Abenteuer- und Familiengeschichten rankte. Bücher, Plüschfiguren, Tassen und andere Devotionalien erfreuen das Herz.

Pohjoisesplanadi 33/Aleksanterinkatu 42 (Kämp Galleria); Tram 4, 7: Aleksanterinkatu

KUNSTHANDWERK

Artisaani   ⤏ S. 120, A 13

Die kunsthandwerkliche Galerie hält erlesene Arbeiten verschiedener Künstlerateliers bereit – viel Holz, wie etwa die geschwungenen, aus einem Stück gearbeiteten Schalen von Tuulipuu, viel schöne Keramik, einfach eine Augenweide.

Unioninkatu 28; Tram 1, 3T: Kauppatori

MÄRKTE/MARKTHALLEN

Hakaniemen tori   ⤏ S. 116, B 7

Einheimische schätzen Markt und Markthalle in Hakaniemi. Frische Produkte, bodenständiges Flair. In der Markthalle haben im Erdgeschoss

MERIAN-Tipp

3 Kiseleffin talo/ Kiseleff-Basar

Über zwei Etagen verteilen sich Verkaufsflächen und kleine, feine Stände im restaurierten Empirehaus beim Senatsplatz. Hier begegnen sich ideenreiches Kunsthandwerk, kitschig-kunstvolle Accessoires und individuelle Modekreationen. Der geschnitzte Treppenaufgang führt zur Galerie mit dem Café Senaatti. Das ideale Ambiente, um zu stöbern und schöne Mitbringsel zu finden – ob Filzohrringe oder Filzhüte, ob Feinstrickschals bei Tarina-asu, Holzschalen in raffinierter Ziehharmonikatechnik bei Villimetsä oder schöne Kleidung aus Naturfasern von Onerva.

Aleksanterinkatu 28; Tram 1, 3T, 4, 7: Senaatintori; www.kiseleffintalo.fi

⤏ S. 120, B 13

Metzger, Fischhändler und Bäcker ihr Reich, im Obergeschoss finden sich Textilien, Souvenirs und ein Café.

Tram 1, 3B, 6, 7, Metro: Hakaniemi

Hietalahden tori   ⤏ S. 119, E 9/10

Flohmarkt und Antik-Halle bestimmen das Leben auf dem Marktplatz in Hietalahti. Witzige Schnäppchen, schöne alte Dinge und jede Menge Atmosphäre, mit griechischem Restaurant Knossos und Marktcafé.

Tram 6: Hietalahdentori

Kauppatori/Marktplatz und Vanha Kauppahalli/Alte Markthalle   ⤏ S. 120, B 13

Der Markt am Südhafen ist der bekannteste, hat die schönste Lage und die meisten touristischen Besucher. Unter den Markthallen sticht die im Südhafenareal heraus. Die Stände sind gefüllt mit finnischen Delikatessen und Lebensmitteln, dazu gute Imbissstände.

Tram 1, 3T: Kauppatori

⚑ Taidekäsityökauppa Okra/Galerie Okra

Die Galerie Okra im Designhaus an der Ecke zur Südesplanade ist ein Kollektiv von zehn teils jungen, teils schon arrivierten Kunsthandwerkern und Designerinnen, die hier in ansprechender Bandbreite und einladend gestalteten Räumen ausstellen. Okra besteht seit 1994. Reihum ist meist auch eine/r der Kunstschaffenden im Laden, Garantie für Gespräche mit Hintergrundinformationen zu Okra wie zu einzelnen Stücken. Die Palette reicht von Schmuck aus Silber, mit Glas, Stoff und Steinen kombiniert, über Textiles, ob Wandschmuck oder Wohnaccessoires, bis zu Keramik, eigenwillig mit Tierfiguren oder auch ganz schlicht gestaltet. Im Designhaus arbeitet Okra in räumlicher Nachbarschaft mit Taito Helsky, den Freunden des Helsinkier Kunsthandwerks, und der Designergalerie der drei Modekünstlerinnen Iris Aalto, Tarja Niskanen und Ilona Pelli.

Unioninkatu 26; Tram 1, 3T: Kauppatori; www.okra.fi
⤳ S. 120, A 13

MODE

Annikki Karvinen ⤳ S. 120, A 13
Großzügig geschnittene, auffallende Modelle, schöne Jacken zum Teil in haptischer Bändchenweberei, aufwändig gearbeitet – etwas für Anspruchsvolle. Immer wieder arbeitet Karvinen, die es inzwischen auch in Deutschland zu kaufen gibt, mit Anspielungen an die finnische Kultur.
Pohjoisesplanadi 23; Tram 1, 3T: Kauppatori

HundPark ⤳ S. 120, A 13
→ MERIAN-Spezial, S. 28

IVANAhelsinki ⤳ S. 120, A 13
→ MERIAN-Spezial, S. 28

Marimekko ⤳ S. 120, A 13
Kein Modebummel ohne Marimekko, den großen finnischen Klassiker mit den bunten Streifen und flächigen Blumen auf Kleidern, Jacken, T-Shirts, Heimtextilien und schönen Stoffen zum Selbstgestalten. Viele namhafte ModedesignerInnen haben hier ihre Karriere begonnen. Mehrere Shops und Spots in der Stadt.
Pohjoisesplanadi 31–33 (Kämp Galleria); Tram 4, 7: Aleksanterinkatu; www.marimekko.fi

Nanso ⤳ S. 120, A 13
Gegründet 1920, ist Nanso inzwischen Finnlands zweitgrößter Name in der Bekleidungsindustrie – und macht längst nicht mehr nur schöne Underwear. Tragbare Freizeitmode, zum Teil mit lebendigen grafischen Mustern, findet man unter dem Nanso-Label Lempivaate.
Mikonkatu 2; Tram 4, 7: Aleksanterinkatu

Ril's ⤳ S. 120, A 13
Die Produktionen der ehemaligen Marimekko-Designerin Ritva-Liisa Pohjalainen verführen vor allem mit umwerfenden Abendroben und üppigen Seidenstoffen. Aber auch feinste Freizeitkleidung kommt nicht zu kurz.
Pohjoisesplanadi 25; Tram 4, 7: Aleksanterinkatu

MUSIK

Digelius ⤳ S. 120, A 14
Im Musikeldorado am Straßenfünfeck Viiskulma liegt der gut sortierte Spezialist für Folk, Jazz und Weltmusik, natürlich auch aus Suomi.
Laivurinrinne 2; Tram 3B: Viiskulma

Fuga Musiikki ⤳ S. 116, A 8
Ganz klassisch geht es hier in der Abteilung von Fuga Musiikki zu. Und die haben nicht nur klingende Scheiben, auch Noten und Musikinstrumente. Bei den CDs fällt die Wahl schwer unter mehr als 15 000 Titeln.
Kaisaniemenkatu 7; Tram 3B, 9, Metro: Kaisaniemi

Stupido ⋯⋗ S. 119, F 9
Rockscheiben en masse, dazu Jazz, Reggae, HipHop, Soul – der Stupido Shop ist eine Fundgrube gerade auch für heimische Produktionen.
Iso Roobertinkatu 23; Tram 3B: Iso Roobertinkatu

SCHMUCK

Galleria Koru ⋯⋗ S. 119, F 9
Vornehmlich in Silber arbeiten die Designerinnen der »Galerie Schmuck«. Ideen werden in Variationen kleiner Serien umgesetzt. Blüten, Blätter, Wellenformen – viele Motive kommen aus der Natur.
Fredrikinkatu 32; Tram 3B, 6: Fredrikinkatu

Kalevala Koru ⋯⋗ S. 120, B 13
Der Klassiker, benannt nach dem finnischen Nationalepos »Koru«. Es gibt zwei Linien – eine aktuelle Designerlinie und die traditionelle mit Formen, die historischen Funden nachgestaltet sind, in Gold, Silber oder Bronze. Auch Lapponia-Schmuck findet man hier, das fast grafisch anmutende, geschmolzen wirkende Edelmetall im Stil des großen Designers Björn Weckström.
Unioninkatu 25; Tram 1, 3T, 4, 7: Senaatintori

Union Design ⋯⋗ S. 120, B 13
Hier kann man den Metallkünstlern bei der Arbeit zuschauen. Das Goldschmiede-Kollektiv aus sieben KünstlerInnen arbeitet nach eigenen Entwürfen Unikate oder kleine Serien in klarer Formgebung.
Eteläranta 14; Tram 3T: Eteläranta

SCHUHE/LEDERWAREN

Friittala ⋯⋗ S. 120, A 13
Die genuine finnische Marke für distinguierte wie legere Ledermode produziert in Südwestfinnland. Blazer, Hosen, Kostüme werden aus feinen Häuten geschneidert.
Mikonkatu 1; Tram 4, 7: Aleksanterinkatu

Harri Syrjänen ⋯⋗ S. 120, A 13
Schöne Taschen und Gürtel mit kunstvollen Metallverschlüssen sind die Spezialität des Designers, der auch Schmuck gestaltet.
Ratakatu 1; Tram 10: Johanneksen kirkko

Pertti Palmroth ⋯⋗ S. 120. A 13
Schuhe müssen nicht italienisch sein. Auch Pertti Palmroth kleidet Füße wunderbar ein – anspruchsvoll und klassisch-raffiniert. Passend kreiert der Designer Damen- und Herrentaschen.
Pohjoisesplanadi 37; Tram 4, 7: Aleksanterinkatu

Inbegriff für finnische Mode: die Kultmarke Marimekko. Das farbenfrohe Streifendesign ist zeitlos und kleidet die Finnen bereits seit Jahrzehnten.

Design District Helsinki

Im Zeichen schöner Form: finnisches Design als Erfolgsgeschichte.

Finnisches Design ist sprichwörtlich, ein Garant für ansprechende Formgebung und Qualität. Was es ausmacht, ist so alt wie Suomi selbst: Material und Strukturen aus der Natur aufzugreifen, sie in zeitgemäße, nützliche Produkte umzusetzen, Ästhetik mit Funktionalität zu verbinden. Wer ein Stück finnischer Form in der Hand hält, kann darin die Klarheit des Wassers, die Stille des Winters, die Farben des Waldes erkennen.

SCHWARZER PUNKT MIT WEISSER AUFSCHRIFT

Helsinki explodiert geradezu in Sachen Design und Kreativität. Junge Talente wagen den Sprung in die Selbstständigkeit, im Kollektiv oder mit eigenem Label. Fast logische Folge, dass sich inzwischen weit über 150 Adressen unter dem Namen Design District Helsinki zusammengefunden haben, kenntlich gemacht an Türen und Schaufenstern durch den schwarzen Punkt mit weißer Aufschrift. Das Herz schlägt rund um die Straßen Bulevardi, Fredrikinkatu und Uudenmaankatu, dehnt sich zwischen den Stadtteilen Zentrum, Kaartinkaupunki und Punavuori aus.

Wo liegen die Wurzeln? Aus finnischem Design eine Philosophie zu machen, war seit den 1870er-Jahren Anliegen vieler Kunsthandwerker. Nach der Wende zum 20. Jh. waren es vor allem namhafte finnische Architekten, die die Idee beflügelten. Die größten Einflüsse hatten Eliel Saarinen und später Alvar Aalto, die nicht nur äußere Hüllen und Fassaden entwarfen, sondern bis ins letzte Detail der Inneneinrichtung ihre Visionen verwirklichten. Der Siegeszug finnischen Gebrauchsdesigns reicht von der legendären Aalto-Glasvase in ihrer asymmetrischen Form über Glas- und Keramikkünstler wie Kaj Franck,

MIUN
MUKA VA
VAINIO.SEITSONEN
DUSTY
HAAKSILUOTO

Tapio Wirkkala, Timo Sarpaneva und Oiva Toikka bis zu, ganz aktuell, Harri Koskinen und Kati Tuominen. In der Schmuckgestaltung ist es der Name Björn Weckström, der Zeichen gesetzt hat, aktuell ist u. a. die mit der Marke Kalevala Koru verbundene Kirsti Doukas zu nennen. Auch vor der Mode macht der Schwung nicht Halt: Für Marimekko haben Generationen namhafter DesignerInnen entworfen, von Vuokko Nurmesniemi bis Jukka Rintala mit Studio in der Tehtaankatu 19 B.

KLASSIKER UND INNOVATIVE TRENDS
Im Design District geht es neben den etablierten Labels wie Arabia, Iittala, Tonfisk und Marimekko aber vor allem um junges und freches Design, um schräge Shops und winzige Werkstätten. Heitere, kreative Mode findet sich bei IVANAhelsinki in der Uudenmaankatu 15; Paola Ivana Suhonen gilt fast schon als etabliert. Auch bei

Liike, Yrjönkatu 25, kann man aus diversen Designernamen (z. B. Haaksiluoto) wählen oder, etwas schriller noch, bei HundPark in der Iso Roobertinkatu 17–19. Für Wohndekoration und Inneneinrichtung empfehlen sich Adressen wie Aero in der Yrjönkatu 8 mit Design-Schwerpunkt auf den 1830er- bis 70er-Jahren, aber auch Grayscale, Showroom der Glaskünstlerin Anu Penttinen, Uudenmaankatu 2. Artek, die Hommage an Alvar Aaltos Möbel auf dem Eteläesplanadi 18, darf nicht fehlen. Und es gibt noch unzählige weitere interessante Möglichkeiten – z. B. witzig recycelte Gebrauchsgüter, wie sie Secco in der Fredrikinkatu 33 fertigt, Taschen wahlweise aus alten Telefonen oder Sicherheitsgurten, und noch viel, viel mehr.

DESINGN WALK
Einen guten Einblick in den Pulsschlag des Design District bekommt man bei einem Design Walk. Wer teilnimmt, besucht Werkstätten, kommt mit Künstlern und Designerinnen vielleicht in ein erstes Gespräch. Bei dem geführten Rundgang (in Englisch) fehlt auch das Design Forum Finland (→ Sehenswertes, S. 46) nicht.
www.designdistrict.fi

Design Walk ····⟩ S. 120, A 13
Juni–Aug. Mo–Fr 13.30 Uhr, 2 Std. ab Sightseeingkiosk Esplanadenpark; 13 €, mit Helsinki Card 9 €

Links: Liike-Shop in der Yrjönkatu.
Rechts: HundPark-Kollektion, erhältlich in der Iso Roobertinkatu.

Am Abend

Partynächte sind so lang wie Abendvergnügen vielseitig – für jeden Geschmack und jedes Alter.

Drink auf hohem Niveau: Die Ateljee Bar (→ MERIAN-Tipp, S. 33) im 12. Stock des Hotel Torni ist ein guter Startpunkt für eine Tour durch Helsinkis Nachtleben.

Auf großartige Opernaufführungen, Konzert- und Theaterdarbietungen konnte Helsinki zu Recht schon immer stolz sein. Man denke nur an die lange Liste der Dirigenten oder OpernsängerInnen, die in der ersten Weltliga zu Hause sind. In den letzten Jahren aber hat sich die Stadt auch zu einer großartigen Partymeile entwickelt, mit einer Mischung aus internationalen Strömungen und ureigener Sub-Kultur. Heute setzt Helsinki Trends, und die quicklebendige Nightlife-Szene ist für viele nicht nur junge Leute allein schon ein Grund, der Kapitale einen (nächtlichen) Besuch abzustatten.

Das pralle Leben in und vor den Pubs, Diskotheken, Clubs und Kneipen ballt sich im Zentrum, in den Stadtteilen Kallio, Töölö und Punavuori. Bei vielen Locations wachen Türsteher, bisweilen gibt es Beschränkungen für das Mindestalter zwischen 18 und 24 Jahren. Wie die Pilze schießen immer neue Bars und Diskos aus dem Boden – manche halten sich, viele verglühen auch nach kurzem Erstrahlen und machen Platz für Neues.

Bars

A21 Cocktail Lounge ····> S. 119, F 9
Wohnzimmeratmosphäre verbreitet die kleine Lounge-Bar der Teufelsmixer, die ihr Handwerk, das Kombinieren alkoholischer und sonstiger Ingredienzien, mit Hingabe zelebrieren.
Annankatu 21; Tram 3B: Fredrikinkatu; Tel. 04 00/21 19 21; www.a21.fi; Di–Do 20–2, Fr, Sa 20–3 Uhr

Arctic Ice Bar ····> S. 116, A 8
Abende verbringt man hier nicht, aber es ist cool, mal reingeschaut zu haben: Ganzjährig −5 °C beträgt die Temperatur in dieser Bar mit Wänden und Theke aus Eis. Für innere Wärme sorgen Getränke auf Wodkabasis.
Yliopistonkatu 5; Tram 3 B/T, 6, 9: Rautatieasema; Tel. 09/2 78 18 55; www.arcticicebar.fi; tgl. 16–23.30 Uhr

Aussie Bar ····> S. 115, F 4
Hier steppt das Känguruh: Meist ist der Laden proppevoll, ist immer etwas los in dieser holzgetäfelten, mit Plastikpalme verschönerten Outback-Bar-Kneipe mitten in Downtown Helsinki, betrieben von schrägen Aussies und Kiwis. Die Finnen lieben es.
Salomonkatu 5; Metro: Kamppi; Tel. 09/73 73 73; www.aussiebar.net; So–Di 14–2, Mi–Sa 12–3 Uhr

Baker's ····> S. 120, A 13
Das Baker's ist eine Institution: seit 1915 ein Gastronomiebetrieb, immer in gleichen Händen, stets gut besucht, ein Evergreen also. Bar und Nachtbar sind mit ihrer ungezwungenen Atmosphäre ein Treffpunkt für nicht nur eine Altersklasse. Gleiches gilt für die tags und abends offenen Bereiche von Café-Bar und Restaurant.
Mannerheimintie 12; Tram 3B, 7: Ylioppilastalo; Tel. 09/6 12 63 30; www.ravintolabakers.com; Di–Do 16.30–22, Fr, Sa 16.30–4 Uhr; Einlass ab 24 Jahre; Café-Bar tgl. bis 4 Uhr

Bar Loose ····> S. 119, F 9
Beliebter Hangout für Fans des guten alten Rock, die die Musik und den Stil dieses Hauses derart genießen, dass die kleine, eher ruhige Bar (in die sich auch Promimusiker verirren) erweitert wurde um das Café Loose für Partys und den Club Loose für regelmäßige Liveacts.
Fredrikinkatu 34; Tram 3B: Iso Roobertinkatu; Tel. 09/5 86 18 19; www.barloose.com; So–Di 14–2, Mi–Sa 14–4 Uhr

Beatroot ····> S. 120, A 13
Kleine Lounge-Bar in Helsinkis erster Fußgängerstraße, schon einmal zur besten Bar der Stadt gekürt. Im gemütlichen Laden sind verschiedene Musikstile zu hören und regelmäßig Liveauftritte zu genießen.
Iso Roobertinkatu 10; Tram 3B: Iso Roobertinkatu; Tel. 0 40/0 74 61 62; www.beatroot.fi; Mo–Fr 13–2; Fr–Sa 13–3, So 12–24 Uhr

Karaoke-Bars

Die Helsinkier sind nach wie vor große Karaoke-Fans (es gibt sogar ein
Karaoke-Taxi, www.karaoketaxi.fi).
Zu den In-Adressen für diesen Grup-
pen-Spaß zählen:

Swengi: Iso Roobertinkatu 10/Hinterhof;
Tram 3B: Iso Roobertinkatu;
Tel. 09/62 28 01 80; www.swengi.fi;
Mi–Sa 19–4 Uhr   ⤍ S. 120, A 13
Satumaa: Arkadiankatu 2; Tram 4, 7, 10:
Lasipalatsi; Tel. 09/6 94 90 19; Mo–So
15–3 Uhr   ⤍ S. 115, F 4

⤍ S. 120, A 13
⤍ S. 115, F 4

Casino

Grand Casino Helsinki ⤍ S. 116, A 8
Das Casino zu besuchen lohnt sich
bei Weitem nicht nur für gelegentliche Glücksritter an Spieltisch und Au-
tomaten. Das Etablissement mit seinem noblen, schicken Ambiente zeigt
im Fennia Salonki ein wechselndes,
hochkarätiges Showprogramm, das
von einem vortrefflichen Dinner ergänzt wird.

Mikonkatu 19; Tram 3B/T, 6, 9:
Rautatieasema; Tel. 09/68 08 00;
www.grandcasinohelsinki.fi;
tgl. 12–4 Uhr; Einlass ab 18 Jahre

⤍ S. 116, A 8

Diskotheken/Clubs

Belly ⤍ S. 119, F 9
Was tagsüber als kleines Lunch-Res-
taurant daherkommt, entpuppt sich
am Wochenende als gute Adresse für
Freunde des Funk und Soul aus besten Motown-Zeiten. Aber auch andere Stilrichtungen haben Platz, wenn
DJs auflegen oder gar live musiziert
wird. Zu moderaten Preisen können
die Clubgänger manchmal auch be-
kannte Acts erleben.

Uudenmaankatu 16; Tram 3B, 6: Fredrikinkatu; Tel. 09/64 49 81; www.belly.fi;
Mo–Do 10.30–16, Fr 10.30–4, Sa 18–4 Uhr

⤍ S. 119, F 9

dtm ⤍ S. 119, F 10
An das »don't tell mama« hat sich kei-
ner gehalten, und so ist der abgefah-
ren schicke Tanzschuppen mit origi-
när schwulem und lesbischem Publikum inzwischen auch bei Heteros

⤍ S. 119, F 10

beliebt und hat sich zu einer der größten Gay-Discos und Nachtclubs des
ganzen Nordens gemausert. Tagsüber ein respektables Café-Restaurant, ist vor allem an den Wochenenden Partytime in den oberen Stockwerken. Bühne und Liveshows.

Iso Roobertinkatu 28; Tram 3B:
Iso Roobertinkatu; Tel. 0 10/8 41 69 96;
www.dtm.fi; Mo–Sa 9–4, So 12–4 Uhr;
Einlass ab 21 Uhr, ab 22 Jahre

Kuudes Linja ⤍ S. 116, B 6

Untergrund-Club in Kallio mit Kultsta-
tus: Indie bis Funk, Hip-Hop, Techno
und Industrial liegt auf den Turntab-
les, oder es geht live zur Sache. Ge-
styltes Interieur sowie Musik- und
Lichtanlage vom Feinsten.

Hämeentie 13 (Eingang Kaikukatu 4);
Tram 6: Haapaniemi; Tel. 0 45/1 11 14 66;
www.kuudeslinja.com; Di–Do 21–3,
Fr, Sa 22–4, So 21–3 Uhr

⤍ S. 116, B 6

KY Klubi ⤍ S. 115, E 4

Reden und abhängen oder auch die
Tanzfläche entern: Im geräumigen KY
(für bis zu 1000 Leute) geht das in
drei Räumlichkeiten zu Disco- und
angejazzter Tanzmusik, zu aktuellen
Hits oder Retro-Rockigem aus den
1970er- bis 1990er-Jahren. Der Kleine
Club (»pikkuklubi«) als Straßencafé
ergänzt das Angebot.

Pohjoinen Rautatiekatu 21; Tram 4, 7, 10:
Lasipalatsi; Tel. 0 20/7 75 93 95;
www.kyklubi.fi; Mi–Sa 22–4 Uhr,
Pikkuklubi: Mo–So ab 18 Uhr

⤍ S. 115, E 4

Royal Onnela ⤍ S. 115, E 4

Mehrere Bars und Nachtclubs, Pub
und Karaoke bedienen in diesem an-
gesagten Hotspot unterschiedliche
Geschmäcker. Ob Retro oder Disco,
Finnhits oder Metal, ob sich beim Karaoke selbst als Star versuchen oder
im Loungebereich chillen, alles ist drin.
Buntes Angebot, buntes Publikum.

Fredrikinkatu 48; Metro: Kamppi; Tel.
09/58 68 00 11; www.ravintolaonnela.fi;
Mi–Sa 22–4, So, Mo 23–4 Uhr;
Einlass ab 22 Jahre

⤍ S. 115, E 4

Wanhan Tanssikellari ⤑ S. 120, A 13
Der traditionsreiche »Alte Tanzkeller«
ist Restaurant und Tanzsaal in einem.
Es spielen zwar auch Popbands auf,
doch sind hier der traditionelle Ge-
sellschaftstanz und der Tango zu
Hause, und die Liveorchester bitten
zum Walzer. Finnlands bekannteste
Sänger und Kapellen dieser Szene
treten auf. Dienstags ist Damenwahl.
Mannerheimintie 3 (Kaivopiha); Tram 3B,
7: Ylioppilastalo; Tel. 0 10/7 66 43 80;
www.wanhantanssikellari.fi; Mo 16–1,
Di–Do 16–2, Fr 16–4, Sa 20–4 Uhr

KINOS
Bio Rex   ⤑ S. 115, F 4
Traditionsreiches Vorzeigekino mit
vorzüglicher Ausstattung für Premie-
ren, Festivals und Galas. Zusätzlich
zu 600 Plätzen gibt es Logen mit je
eigener Beschallung. Beliebt ist die
bewirtete Dachterrasse mit Blick auf
Kiasma und Parlament.
Mannerheimintie 22–24; Tram 4, 7, 10:
Lasipalatsi; Tel. 0 20/1 55 58 00

Kino Orion   ⤑ S. 119, F 9
Tolles Lichtspielhaus, das dem Finnischen Filmarchiv gehört. Untergebracht in einem außen wie innen stil-
vollen architektonischen Rahmen
und versehen mit breiten, weichen
Sitzen ist das Programmkino ein Genuss für Cineasten.
Eerikinkatu 15; Metro: Kamppi;
Tel. 09/61 54 02 01

KNEIPEN/LOKALE
Belge   ⤑ S. 116, A 8
Das Belge kann als Pub, Bar und Bistro mit zwei Terrassen punkten und
ist für einen Kaffeeplausch zwischen-
durch, als After-Work-Treff oder für
ein paar Bierchen am Abend in Gesellschaft ein angenehmer Ort. Besonders nett: die Library-Bar im ersten Stock. Auch altersmäßig gemischtes Publikum.
Kluuvikatu 5; Tram 4, 7: Aleksanterinkatu; Tel. 09/6 22 96 20; www.belge.fi;
Mo–Do 11–2, Fr, Sa 11–3, So 14–24 Uhr

MERIAN-Tipp

5 **Ateljee Bar**

Hier sollte man gewesen sein – der
schönen Aussicht wegen. Man fährt
hinauf in den 12. Stock des Hotels
Torni, steigt dann noch eine Treppe
höher und ist fasziniert von der Sicht
durch die Panoramafenster oder
noch besser von der Terrasse auf
Dom, Alte Kirche, Stadtsilhouette,
Ostsee und Schären, im Sonnenschein oder abends, wenn die Lichter
aufflammen. Mit einem Kaffee, einem
Bier oder einem Cocktail in der Hand
ist das ein Erlebnis.
Kalevankatu 5 (Hotel Torni); Tram 3 T:
Simonkatu; Tel. 09/43 36 63 40;
www.ateljeebar.fi; Mo–Do 14–2,
Fr, Sa 12–2, So 14–1 Uhr   ⤑ S. 119, F 9

Kola   ⤑ S. 116, B 6
Retro ist angesagt in der sich im
Tages-/Abendverlauf verändernden
Café-Pub-Bar-Location in Kallio. Das
Ambiente ist 1970er-verdächtig, die
Musik eher relaxed mit Nu Jazz,
Lounge-Musik und Souligem. Stets
gut gefüllter Laden.
Helsinginkatu 13; Tram 8: Kustaankatu,
Metro: Sörnäinen; Tel. 09/6 94 89 83;
www.kola.fi; tgl. 12–2 Uhr

Lost & Found   ⤑ S. 120, A 13
Ein sehr gemischtes Publikum trifft
sich hier im kleinen Fundbüro. Die he-
terofreundliche Schwulen-Bar nebst
Nachtclub ist seit langen Jahren ein
beliebter Anlaufpunkt der Partyhung-
rigen und Pistengänger. Gelegentliche Showeinlagen.
Annankatu 6; Tram 3B, 6: Fredrikinkatu;
Tel. 09/6 80 10 10; www.lostandfound.fi;
Mo–So 20–4 Uhr; Einlass ab 24 Jahre

Molly Malone's   ⤑ S. 116, A 8
Ein fettes Stück Irland mitten in Helsinki. Über zwei Stockwerke verteilen
sich drei Bars, wo nicht nur der ty-
pisch-dunkle Gerstensaft gezapft

wird. Mehrere Terrassen sorgen für noch mehr Platz. Täglich gibt es Livemusik mit Melodien der Grünen Insel.
Kaisaniemenkatu 1C; Metro:
Kaisaniemi; Tel. 09/57 66 75 00;
www.mollymalones.fi; Mo 10–2,
Di 10–3, Mi–Sa 10–4, So 12–2 Uhr

Teerenpeli ⸺⸽⸽> S. 115, F 4
Gemütlich, freundlich, anregend geht es zu in dieser schicken kleinen Hausbrauerei und Destille in ihrer Mischung aus Bar und Restauration. Genau richtig für Treffs mit Freunden, zum entspannten Bier bei angenehmer Hintergrundmusik. Gemischtes Publikum, gemischtes Alter.
Olavinkatu 2; Tram 4, 7, 10: Lasipalatsi,
Metro: Kamppi; Tel. 0 42/4 92 52 60;
www.teerenpeli.fi; Mo–Do 12–2,
Fr, Sa 12–3 Uhr

KONZERTE
Helsingin kaupungin orkesteri
⸺⸽⸽> S. 115, F 3/4
Das auch bei internationalen Gastspielen umjubelte philharmonische Orchester ist in der Finlandia-Halle zu Hause, und die gut einhundert Vollblutmusiker unter Chefdirigent John Storgårds bringen sich dort rund 60-mal im Jahr eindrucksvoll zu Gehör.

Tipp: Es gibt günstige Schnuppertickets für Generalproben (10 Uhr, 2 €, Termine im Internet).
Finlandia talo, Mannerheimintie 13;
Tram 4, 7, 10: Kansallismuseo;
Tel. 09/4 02 42 65 (Programmauskunft);
www.hel.fi/filharmonia

Radion sinfoniaorkesteri
Das beim Publikum und in Fachkreisen hoch angesehene »Hausorchester« des finnischen Rundfunks YLE sorgt zweifellos für Hörerlebnisse erster Güte. Es hat kein festes Haus, sondern tritt an verschiedenen Veranstaltungsorten auf. Unter seinem Chefdirigenten Sakari Oramo widmet es sich nicht zuletzt finnischen Werken und bringt auch Auftragswerke zur Uraufführung.
Tel. 09/1 48 01; www.yle.fi/so

LIVEMUSIK
Club Liberté ⸺⸽⸽> S. 116, A 6
Kleiner Musikclub in Kallio mit täglichen Liveacts. Amateure stehen ebenso wie angesehene Profis auf der Bühne. Angenehm unprätentiöses Publikum, passend zum Milieu.
Kolmas Linja 34; Tram 3, 6, 7, Metro:
Hakaniemi; Tel. 09/2 72 60 01;
www.clubliberte.fi; tgl. 16–2 Uhr

Kneipenabend mit Wohnzimmerfeeling: Zwischen den Bücherregalen und auf den Sesseln und Sofas fühlen sich die Gäste des Belge (→ S. 33) wie zu Hause.

Nosturi   ⸺⸽ S. 119, F 10
Im Hafenumfeld von Hietalahti ist in einem umfunktionierten Fabrikgebäude eine der besten Rock-Venues der Stadt zu Hause. Besitzer ist die rührige Livemusik-Vereinigung ELMU. Konzerte, Raves, aber auch Theater und mehr finden hier statt. Die große Bühne sieht viele erstklassige Bands, aber auch Underground und Töne jenseits des Mainstream finden ihr Publikum.
Telakkakatu 8; Tram 6: Hietalahdentori;
Tel. 09/6 81 18 80; www.elmu.fi;
tgl. 21–3 Uhr

Tavastia Klubi   ⸺⸽ S. 119, F 9
Eine Legende: Unumstritten ist seine Position als Finnlands ältester und bekanntester Rockclub. Hier tritt alles auf, was im Lande einen großen Namen hat. Auch Bands aus dem Ausland schätzen die Location und ihr Publikum. Im Semifinal, dem kleinen Bruder gleich nebenan, bekommt die nachwachsende Garde ihre Chance. Zum Klubi gehört das preisgünstige und gute Bistro-Lokal Ilves.
Urho Kekkosenkatu 4-6; Tram: 4, 7, 10:
Lasipalatsi, Metro: Kamppi;
Tel. 09/6 94 85 11; www.tavastiaklubi.fi;
So–Do 20–1, Fr, Sa 21–3 Uhr

Storyville   ⸺⸽ S. 115, E 4
Eine Institution, wenn es um Jazz geht: Bis auf allzu Experimentelles und Free Jazz ist der Stilmix groß, von Dixieland bis Blues, von Swing bis R&B. Das alles live im Ex-Kohlenkeller des Hauses. Im Sommer sitzt man draußen in der Tin Roof Bar.
Museokatu 8; Tram 4, 7, 10: Kansallismu-
seo; Tel. 09/40 80 07; www.storyville.fi;
Di, Mi 19–3, Do–Sa 19–4; Tin Roof Bar
Mo–Mi 1–3, Do–Sa 17–4 Uhr

Virgin Oil Co.   ⸺⸽ S. 120, A 13
Die Mischung stimmt: gutes italoamerikanisches Essen, Bar und Pub mit Clubfeeling in rustikalem Westernoutfit. Die Stufen hoch geht es zu einer der besten Rockbühnen der Stadt. Hier heizen freitags und samstags Spitzenbands aus Suomi dem Publikum gehörig ein. Der Clubbereich geht über zwei Stockwerke.
Mannerheimintie 5; Tram 3B, 7:
Ylioppilastalo; Tel. 0 10/7 66 40 00;
www.virginoil.fi; Mo–Do 11–2,
Fr, Sa 11–4, So 12–1 Uhr

THEATER/OPER

**Suomen Kansallisteatteri/
Nationaltheater**   ⸺⸽ S. 116, A 8
Natürlich wird hier im Prachtbau des Nationaltheaters das Erbe der finnischen Klassiker gepflegt, etwa Aleksis Kivi oder Minna Canth – die Bühnen finden regen Zuspruch von Seiten des Publikums, haben aber auch viel Raum für neuere in- und ausländische Produktionen und für ein ambitioniertes Kinderprogramm.
Läntinen Teatterikuja 1; Tram 3 B/T, 6, 9:
Rautatieasema; Tel. 09/17 33 13 31;
www.kansallisteatteri.fi

**Svenska teatern/Schwedisches
Theater**   ⸺⸽ S. 120, A 13
Ähnliches wie über das Nationaltheater lässt sich auch über das nette und plüschige Schwedische Theater an den Esplanaden sagen. Nur liegt hier der Fokus auf der finnlandschwedischen Tradition und eben der schwedischen Sprache. Ansonsten Vorhang auf für Komödie wie Drama.
Pohjoisesplanadi; Tram 3B, 6:
Erottaja; Tel. 09/61 62 14 11;
www.svenskateatern.fi

**Suomen Kansallisooppera/
Nationaloper**   ⸺⸽ S. 115, E 3
Im neuen Opernhaus an der Töölöbucht sind Klassiker zu hören, aber auch moderne Stücke und Uraufführungen. Das Nationalballett tritt mit seinem umfangreichen Repertoire auf, das Tanz-Evergreens ebenso umfasst wie Choreografien zu Neukompositionen.
Helsinginkatu 58; Tram 3T, 4, 7, 10:
Oopera; Tel. 09/40 30 22 11;
www.operafin.fi

Feste und Events

Zwischen künstlerischen Leckerbissen und schrillen Events kurvt Helsinki durchs pralle Festivaljahr.

Herausgeputzt mit der traditionellen Tracht feiern die Helsinkier am Vorabend zum Mittsommertag das Fest der »nachtlosen Nacht« auf der Insel Seurasaari.

Dabei gelten sie doch gemeinhin als ruhig und schweigsam: Wenn jemand es versteht, auch aus geringem Anlass ein respektables Fest oder Event aus dem Hut zu zaubern, dann sind es die Finnen, ganz besonders deren Südländer, die Helsinkier. Sympathisch der Eindruck, dass diese Festivals und Feiern nicht in erster Linie für ausländische Besucher künstlich kreiert werden, sondern zur Freude und Erbauung der Einheimischen selbst – wobei der Tourist natürlich herzlich gern dabei sein soll.

Das ganze Jahr über verwöhnt die Stadt, verwöhnen private und öffentliche Institutionen ihre Mitbürger mit diversen Highlights. Dabei stehen nicht so sehr Namen von Weltstars und Teilnehmerrekorde im Vordergrund als vielmehr besondere Stimmung, Atmosphäre und Authentizität. Reizvoll an so manchem Happening in Helsinki ist die Selbstverständlichkeit, mit der sich E(rnste)- und U(nterhaltungs)-Kultur durchdringen, Genres und Sparten verschwimmen. Für Finnlandbesucher ist es zudem immer wieder erfreulich zu erleben, wie wenig Distanz zwischen KünstlerInnen und Publikum besteht, wie kollegial-freundschaftlich und respektvoll von Künstlern das Wirken der jeweils anderen begleitet wird. Und wie einfach der Gast in Festlichkeiten einbezogen wird – sture Finnen, das ist wohl nur die halbe Wahrheit. Einen Überblick über die wichtigsten Festivals in Finnland und der Hauptstadtregion gibt www.festivals.fi.

JANUAR
Docpoint
Inzwischen arriviert, dauert das Filmfest eine ganze Woche. In verschiedenen Programmkinos der Stadt kommen herausragende und prämierte Dokumentarfilme aus Finnland und dem gesamten Ostseeraum zur Aufführung. Interessantes Beiprogramm von Seminaren bis Clubpartys.
Zweite Januarhälfte; www.docpoint.info

FEBRUAR
Musica Nova
Moderne zeitgenössische Musik hat hier alle zwei (ungeraden) Jahre ein viel beachtetes Forum. Zur Aufführung kommen Werke etwa der Sparten Oper, Kammer- und Orchestermusik von heimischen wie internationalen Komponisten, die auch ungewohnte Klangwelten erschließen.
Erste Februar; www.musicanova.fi

MÄRZ
Kirkko Soikoon!
Ein kleines, aber feines Kirchenmusikfest mit Konzerten in verschiedenen Gotteshäusern (u.a. etwa in der Johanneskirche und der Krypta des Doms) mit musikalischen Lobpreisungen in unterschiedlicher Darbietung, von Orgel bis Chor.
Erste Märzhälfte; www.kirkkosoikoon.fi

APRIL
April Jazz
Einmal schnell über die Stadtgrenze nach Espoo: In Tapiola ist das bedeutendste Jazzfestival der Hauptstadtregion zu Hause. Jedes Jahr präsentiert die Konzertreihe namhafte nationale wie internationale Spitzenbands und Solisten. Die musikalische Bandbreite reicht von Swing und Bebop bis zu Latin und Blues.
Zweite Aprilhälfte; www.apriljazz.fi

MAI
Vappu
»Heraus zum 1. Mai« heißt es nicht nur für die Gewerkschafter, denn die ganze Stadt steht Kopf. Vornehmlich aber die Studenten, denn es ist ihr Karneval, überall sieht man sie mit ihren weißen Käppis (auch ältere Semester) und in den typischen, mit Aufnähern übersäten Overalls. Die Statue der »Havis Amanda« wird geputzt und bekommt auch ihre Mütze. Eine große, feucht-fröhliche Party ist angesagt, besonders im Zentrum am Südhafen und im Kaivopuisto.
1. Mai

World Village Festival

Kulturen aus allen Ecken der Welt zu Gast im Kaisaniemi-Park – Maailma kylässä. Ein buntes Programm aus Musik, Tanz, Theater, Kunst, Mitmachaktionen für die ganze Familie. Gestaltet wird dieses Fest der Begegnung von diversen Vereinen und Initiativen. Nicht verpassen sollte man die exotischen Leckereien.

Zweite Maihälfte;
www.maailmakylassa.fi

JUNI

Helsinki Orgelsommer

In den Sommermonaten gibt es fast täglich in einer der Kirchen der Stadt Orgelmusik zum Urkkukesä – sowohl tagsüber als auch zu Abendkonzerten. Sonntags um 20 Uhr, mittwochs und freitags um 12 Uhr öffnet der Dom musikalisch seine Türen, montags um 19 Uhr die Kallio-Kirche, dienstags um 12 Uhr die Alte Kirche, um nur eine Auswahl zu nennen.

Juni-August; www.organsummer.org

»Kräfte des Lichts« bringen im November so manches Gebäude zum Leuchten.

Helsinki-Woche

Es ist wärmer, die Sonne lacht schon, und die Stadt will feiern: Da werden verschiedene Spektakel zu einer verlängerten Helsinki-Festwoche, Helsinki viikko, gebündelt. Provinztage: Jedes Jahr präsentiert sich auf dem Senatsplatz eine der finnischen Provinzen mit regionalem Brauchtum, Köstlichkeiten der lokalen Küche, Folklore und Kunsthandwerk. Helsinki-Tag: Am 12. Juni feiert die Stadt ihren Geburtstag! Stehen zunächst offizielle Empfänge und Reden im Vordergrund, wird später familiär und locker gefeiert mit Kinderprogramm und Freiluftkonzerten. Und so richtig heiß wird Betrachtern wie Aktiven schließlich beim Samba-Festival mit Straßenumzug und Clubevents.

Anfang-Mitte Juni; www.helsinkiviikko.fi

Mittsommer

Eines der wichtigsten Feste für alle Finnen im Jahreskalender ist Juhannus, der Beginn des Sommers. Der Samstag, der dem 23. Juni am nächsten liegt, wird zum Mittsommertag, am Vorabend finden die Feiern statt, in Helsinki ganz groß auf der Insel Seurasaari. Kokko, das Juhannusfeuer, wird angezündet, es wird getanzt und gefeiert.

Mitte Juni

Tuska

Das mehrtägige Open-Air-Metal-Spektakel im Kaisaniemi-Park und mit einigen Gigs auch in Clubs bringt Schwermetall-Bands aller Schattierungen auf die Bühne.

Ende Juni; www.tuska-festival.fi

AUGUST

Viapori Jazz

Auf der Festungsinsel Suomenlinna klingen in der von guter Laune geprägten Atmosphäre eines mehrtägigen, eher familiären Festes jazzige Töne gen Himmel, zum Teil in den historischen Kasernengebäuden.

2. Augusthälfte; www.viaporijazz.fi

MERIAN-Tipp

SEPTEMBER

Rakkautta & Anarkia

»Liebe und Anarchie« ist der Titel des internationalen Filmfestivals, das alljährlich im September in Helsinki stattfindet. Über die Leinwand flimmern herausragende Produktionen heimischer wie internationaler Autoren und Regisseure. Die Genres reichen von Animation über episches Erzählkino bis Krimi und Dokumentation. Dabei haben die Veranstalter – der Name ist Programm – auch keinerlei Scheu vor kontroversen oder sehr persönlichen Werken.

Zweite Septemberhälfte; www.hiff.fi

OKTOBER

Heringsmarkt

Star der Veranstaltung ist der schmackhafte kleine Ostseehering. In Fässern wird er zum Markt gerollt, in Kisten wird er präsentiert. Fischer lassen ihren Fang von einer fachkundigen Jury bewerten. Die leckersten Rezepte, die feinsten Marinaden werden prämiert. Der baltische Strömling ist beim Silakkamarkkinat im wahren Sinne des Wortes in aller Munde – ein mehrtägiges Fest für die ganze Familie mit Musik, Tanz, Budenzauber und maritimem Flair.

Anfang Oktober

NOVEMBER

Kräfte des Lichts

»Valon voimat« (Kräfte des Lichts) werden im November entfacht. Dann liegt Dunkelheit über der Stadt, die Kerzen des Advents sind noch nicht entzündet, und Helsinki dürstet nach Licht. Und so sind Lichtinstallationen und -objekte, Illuminierungen und Feuerzirkus an öffentlichen Plätzen im Stadtgebiet zu entdecken. Gebäude werden in Licht getaucht, verfremdet, auch in Regen oder Dunkelheit soll ein schönes, strahlendes und noch einmal anderes, neues Helsinki gemeinsam erlebt werden. Das Event findet seit 1995 statt.

Mitte November; www.valonvoimat.org

MERIAN-Tipp

6 Helsinki Festspiele

Über zwei Wochen lang im August feiert die Stadt anlässlich der »Helsingin juhlaviikot« – die Festspiele gelten als Finnlands größte und vielfältigste. Und die Tradition reicht bereits bis 1968 zurück. Kunst soll für alle zugänglich sein, das ist das Ziel. So gibt es auch Kinderprogramme und eine ganze Reihe Veranstaltungen ohne Eintritt, ob im Festivalzelt, Open Air, etwa auf dem Senatsplatz, oder an festen Spielorten. Viel Musik steht im Vordergrund, Klassik, Weltmusik wie auch Pop. Tanz und Theateraufführungen füllen die Bühnen, Besucher zieht es ins Zirkusrund und vor die Filmleinwände. Gastensembles aus dem Ausland begrüßen die Metropole. Aber auch bildende Kunst zeigt sich mit Sonderausstellungen, Events und Galerieführungen. Einer der Höhepunkte ist die **Nacht der Künste**. Dann geht die Stadt nicht schlafen, Galerien und Museen halten bis spät in die Nacht geöffnet, eine bunte Menge bevölkert fröhlich die Straßen – und hat die Wahl zwischen etwa 200 einzelnen Angeboten zum Schauen, Mitmachen, Genießen.

Mitte–Ende August;
www.helsinkifestival.fi

DEZEMBER

Weihnachtsmärkte

In den beiden Wochen vor Weihnachten schmückt sich der Esplanadenpark adventlich bis zum St. Thomas-Markt. Zwischen Lichterketten reihen sich Buden und Zelte, in denen alkoholfreier Glögi, Glühwein mit Rosinen und Mandeln, ausgeschenkt wird, man kunsthandwerkliche Geschenke erstehen und leckeres Backwerk versuchen kann. Erwartungsvolle Stimmung – auch im Alten Studentenhaus mit dem weihnachtlichen Kunsthandwerkermarkt in festlichen Räumen.

Familientipps – Hits für Kids

Vergnügungspark, Wissenschaftszentrum, Kinder-
theater – Helsinki ist auch für die Kleinen ganz groß.

*Wissenschaft zum Anfassen: Das Heureka Tiedepuisto versteht es, auch die kleinen
Besucher für Physik, Chemie & Co. zu begeistern, sei es mit spannenden Experimenten,
sei es beim Moonwalk mit simulierter Schwerelosigkeit.*

Im Norden Europas ist es selbstverständlich, dass Cafés und Lokale Kinderstühle und Möglichkeiten vorhalten, Babynahrung zu wärmen, dass Museen und Attraktionen mit oft freiem Eintritt oder deutlichen Ermäßigungen für die Kleinen aufwarten und spezielle Ausstellungen oder Mitmachideen für Kinder präsentieren.

Heureka Tiedepuisto
...⤍ S. 117, nördl. F 5

Im futuristischen Bau mit verspiegelter Kuppel ist das Wissenschaftszentrum Heureka untergebracht. Aus den Bereichen Physik, Chemie, Umwelt, Genetik und menschliche Entwicklung sowie Verkehr speisen sich die ständigen Ausstellungen und Sonderschauen, die zum Experimentieren und Mitmachen einladen. Das digitale Vattenfall-Planetarium ergänzt das Szenario mit Filmprojektionen, die Naturereignisse als aufregende Realität simulieren. In direkter Nachbarschaft des Heureka öffnet sich von Mai bis September der Galilei-Park mit Installationen zum Thema Wasser.
Tikkurila (Vantaa), Tiedepuisto 1; Nahverkehrszug R, K, I: Tikkurila; www.heureka.fi; Mitte Juni–Mitte Aug. Mo–Fr 10–19, sonst 10–mindestens 17, Sa, So ganzjährig 10–18 Uhr; Eintritt 15,50 €, mit Planetarium 20 €, Kinder 10,50 €/13,50 €, mit Helsinki Card 14 €/16,50 €, Kinder 9,50 €/12 €

Korkeasaari Zoo
...⤍ S. 117, D/E 7/8
→ Sehenswertes, S. 55

Lastenmuseo Tuomarinkylän
...⤍ S. 117, nördl. D 5

Ein eigenes Kindermuseum ist Teil des Stadtmuseums im Gutshof Tuomarinkylän (→ Museen, S. 74).

Linnanmäki
...⤍ S. 115, F 2

Helsinkis Vergnügungspark, mit 5 ha und über 40 Attraktionen der größte Finnlands, ist eine gute Mischung aus nostalgischen Fahrgeschäften und Hightech-Nervenkitzel. Die Kleinen lieben das 110 Jahre alte Kinderkarussell oder die Pferdebahn, die Größeren Achterbahnen und Space-Shot.
Tivolikuja 1; Tram 3B: Alppila, Tram 8: Linnanmäki; www.linnanmaki.fi; Mitte Juni–Mitte Aug. tgl. 11–22 Uhr, Mitte April–Mitte Juni, Mitte Aug.–Sept. und während der Herbstferien kürzer, sonst geschl.; Eintritt frei, Einzeltickets oder Armband für alle Fahrgeschäfte nach Körpergröße (über 120 cm 35 €, unter 120 cm 22 €, unter 100 cm 17 €), Kombiticket mit Sealife möglich

Sea Life Helsinki
...⤍ S. 115, F 1/2

Gleich neben Linnanmäki wartet die Unterwasserwelt von Sea Life. Neben bunten Fischen, Seepferdchen und Korallen gibt es auch Furcht einflößende Haie. Besonders wenn man den Ozeantunnel durchschreitet, kann man angenehm, weil in Sicherheit, schaudern.
Tivolitie 10; Tram 3B: Alppila, Tram 8: Linnanmäki; www.sealife.fi; Juli tgl. 10–22, Mai–Juni und Aug. 10–19, sonst 10–mindestens 17 Uhr; Eintritt 14,50 €, Kinder 9,80 €, mit Helsinki Card 11,50 €, Kinder 6,80 €

Theater und Co.

Auch wenn die Sprache von Kinderprogrammen, Figuren und Marionetten finnisch ist – gerade Kinder sind oft sehr gut in der Lage, dem Geschehen trotzdem verstehend und gebannt zu folgen. Die Puppentheater Nukketeatteri Sampo (Klaavontie 11, ...⤍ S. 117, nördl. F 5) und Nukketeatteri Vihreä Omena (Grüner Apfel, Eläintarhantie 7, ...⤍ S. 116, A 7) haben schon Kinder aus der ganzen Welt begeistert. Und das Annantalo (Annankatu 30; www.annantalo.fi; im Sommer geschl., ...⤍ S. 119, F 9) ist im Kunst- und Kulturhaus speziell auf Kinder und Jugendliche ausgerichtet mit Theater, Musik, Ausstellungen, Kreativ- und Mitmachangeboten.

Tropicario
...⤍ S. 116, B 5
→ Sehenswertes, S. 63

Unterwegs in Helsinki

Ruheoase, grünes Wohnzimmer, Picknickwiese – der Esplanadenpark, der Grünstreifen zwischen den beiden Prachtstraßen Pohjoisesplanadi und Eteläesplanadi im Zentrum der Stadt (→ S. 48), ist ein beliebter Tummelplatz der Helsinkier.

Zwischen Töölöbucht und Flaniermeilen, unge-
wöhnlichen Museen, spannender Architektur
und der Inselwelt vor der Küste öffnet sich der
ganze Zauber der finnischen Hauptstadt.

Sehenswertes

Zum alten Glanz der »weißen Stadt des Nordens« gesellen sich neue Kultur- und Parklandschaften.

Architektur als Vision: Finlandia talo (→ S. 48), Alvar Aaltos Meisterwerk, besticht durch klare Linienführung und die schlichte pragmatische Gestalt.

Helsinki ist eine recht junge Metropole, löste die damals eher ländlich-verschlafene Siedlung mit weniger als 4000 Einwohnern doch erst 1812 Turku als finnische Hauptstadt ab. So kann Helsinki, das anders als seine nordischen Nachbarn nie eigenständiges Königreich war, sondern nach der wechselvollen Abhängigkeit von Schweden und Russland seit seiner Unabhängigkeit bürgerliche Demokratie ist, nicht mit mittelalterlichen Burgen oder gar Schlössern prunken. Bis Mitte des 18. Jh. bestimmten allein Holzhäuser Helsinkis Bild; erst dann begann man allmählich, in Stein zu bauen. Ein verheerender Brand 1808 bis 1809 vernichtete nahezu die gesamte Innenstadt. So stammt das heutige Helsinki in wesentlichen Teilen erst aus den Epochen danach. Und die Neuplanungen wurden auch unter Brandschutzaspekten angelegt: großzügiger, mit mehr Freifläche zwischen den Blocks, um ein Übergreifen möglicher zukünftiger Flammen zu verhindern.

Gerade aber die relative Jugend, die Bodenständigkeit und Überschaubarkeit machen Helsinkis Reiz aus. Wenn auch die Erhebung zur Hauptstadt weitreichende Stadtplanungen zur Folge hatte – eindrucksvollstes Zeugnis sind Senatsplatz und Domkirche –, so hat die Stadt sich doch nicht auf alter Substanz ausruhen und in ihrer Veränderung träge werden können. Und so hat hier große Architektur etwa von Carl Ludwig Engel über Eliel Saarinen und Alvar Aalto bis in die Gegenwart immer eine Chance und Raum gehabt, sich zu verwirklichen und das Stadtbild zu formen. Viele Sehenswürdigkeiten liegen in Zentrumsnähe und sind bequem zu Fuß zu erreichen, sonst hilft ein gut ausgebautes öffentliches Verkehrsnetz aus Straßenbahnen, Bussen, Fähren und Metrolinie. Und meist ist die Natur in der Nähe: ausgedehnte Parkflächen, Grünanlagen und immer wieder das Meer.

MERIAN-Tipp

7 Arabia-Fabrikführung

Der Besuch des Arabiakeskus (→ Sehenswertes, S.45) lässt sich auf Anfrage und mit Mindestteilnehmerzahl kombinieren mit einer interessanten **Fabrikführung**. Dann kann man den Entstehungsprozess der Waren aus dem weißen Gold bis hin zur Bemalung schrittweise nachvollziehen. Im Fabrikverkauf besteht die Möglichkeit, das ein oder andere fertige Stück zu erwerben – auch gute Zweite-Wahl-Ware zu günstigen Preisen.

Voranmeldung unter Tel. 02 04/39 53 26; Mo–Fr 10–11 Uhr

⤑ S. 117, nördl. D 5

Arabiakeskus   ⤑ S. 117, nördl. D 5
Arabia ist in Finnland ein Synonym für Porzellan, Keramik und Geschirr, ob für den Alltag oder als edles Kunstunikat. Namhafte Formengeber, wie Tapio Wirkkala, haben für die Marke gearbeitet, die in Deutschland im Zusammenhang mit dem Label Rosenthal bekannt geworden sind. Inzwischen gehört Arabia mit der Glasdesign-Marke Iittala, dem ehemals schwedischen Rörstrand und Hackman, dessen Name für Stahlwaren, qualitativ hochwertige Töpfe und Bestecke steht, gemeinsam zum Fiskars-Konzern.

Der Besuch im Arabiakeskus ist vielversprechend: Museum, Galerie und Werksverkauf vereinen sich im neu konzipierten Stadtteil Arabianranta mit anderen Designshops unter einem Dach. Das **Werksmuseum Arabian museo** vermittelt einen Einblick in die über 135-jährige Erfolgsgeschichte der Marke Arabia, die Exponate sind Teile bekannter Geschirrserien ebenso wie wertvolle künstlerische Einzelstücke, Skulpturen und Gefäße aus Porzellan. Erst seit Kurzem ist Arabian museo Teil des Designmuseums Helsinki (→ Museen, S. 70).

In der Galerie werden kleine Sonderschauen gezeigt, aktuelle Künstler stellen aus, Retrospektiven haben Platz. Erholen kann man sich bei Kaffee und Lunch im empfehlenswerten Café-Restaurant May.

Hämeentie 135; Tram 6, 8: Arabiankatu; www.arabianmuseo.fi; Di–Fr 12–18, Sa, So 10–16 Uhr; Eintritt 3 €, Kinder 1,50 €

Design Forum Finland ⸳⸳⸳⸳⸳⸳⸳⸳→ S. 120, A 13
Klassiker und innovative Trends, ebenso funktional wie formschön, von Textil über Keramik bis Industriedesign haben hier eine großzügige, ansprechend gestaltete Plattform. Die finnische Gesellschaft für Handwerk und Design, aktiv seit 1875, unterhält das Forum. Ihr Kerngeschäft geht in zwei Richtungen: zum einen die Wettbewerbsfähigkeit kleiner und mittelständischer Betriebe zu fördern, indem sie etwa Preise und Auszeichnungen für richtungweisende Formgebungen vergibt, zum anderen Design als Kulturgut zu vermitteln, dem allgemeinen Publikum das Zusammenspiel von Funktionalität und Ästhetik auch als sinnlichen Genuss zu präsentieren.

Zu den Wechselausstellungen gesellen sich ein Verkaufsraum, der finnische Gebrauchskunst zu erschwinglichen Preisen präsentiert, und ein Café – sowie interessante Publikationen wie das Design-Jahrbuch. Ein guter Einstieg in den Design District (→ MERIAN-Spezial, S. 28)!

Erottajankatu 7; Tram 3B, 6, 9: Erottaja, Bus 24; www.designforum.fi; Mo–Fr 10–19, Sa 10–18, So 12–17 Uhr; Eintritt frei

Eduskuntatalo (Reichstag)
⸳⸳⸳⸳⸳⸳⸳⸳→ S. 115, F 4

Der monumentale klassizistische Granitbau des finnischen Reichstags erhebt sich majestätisch über die breiten Zugangstreppe an der Hauptverkehrsachse Mannerheimintie im Stadtzentrum. Eine durchgehende Säulenreihe lockert die massive rötliche Front auf. Johan Sigfrid Sirén schuf dieses unübersehbare, eindrucksvolle Symbol stolzer finnischer Unabhängigkeit (Einweihung 1931). Öffentliche Führungen erlauben auch den Blick ins angenehm helle und freundliche Innere, wie in den runden Plenarsaal mit Kuppeldecke. Der finnische Reichstag ist ein Ein-Kammer-

Wegzeiten in Gehminuten (* in Kombination mit öffentlichen Verkehrsmitteln) zwischen wichtigen Sehenswürdigkeiten

	Finlandia talo	Kaivopuisto	Kauppatori	Linnanmäki	Olympiastadion	Rautatieasema	Senaatintori	Seurasaari	Temppeliaukion kirkko	Uspenski-Kathedrale
Finlandia talo	–	15*	35	15*	25	10	30	35*	15	10*
Kaivopuisto	15*	–	30	30*	30*	20*	35	45*	20*	40
Kauppatori	35	30	–	25*	25*	25	5	35*	15*	10
Linnanmäki	15*	30*	25*	–	10*	20*	25*	50*	30*	35*
Olympiastadion	25	30*	25*	10*	–	35	15*	40*	30	25*
Rautatieasema	10	20*	25	20*	35	–	20	35*	20	30
Senaatintori	30	35	5	25*	15*	20	–	40*	15*	10
Seurasaari	35*	45*	35*	50*	40*	35*	40*	–	30*	35*
Temppeliaukion kirkko	15	20*	15*	30*	30	20	15*	30*	–	25*
Uspenski-Kathedrale	10*	40	10	35*	25*	30	10	35*	25*	–

Funktionalität und Ästhetik: Die Ausstellungen im Design Forum Finland widmen sich Design-Klassikern ebenso wie den neuesten Trends der Formgebung.

Parlament mit 200 Abgeordneten, die alle vier Jahre gewählt werden. Öffentliche Plenarsitzungen finden in der Regel dienstags und freitags statt, Besucher sind willkommen.

Nach Südosten schließt sich das **Kleine Parlament (Pikku Parlamentti)** an, ein dreieckiger Erweiterungsbau mit viel Glas. Hier befindet sich das Besucherzentrum, das für Fragen zur Verfügung steht und Infomaterial zur finnischen Verfassung, zum Parlament und zu EU-Fragen vorhält. Rund um das Reichtagsgebäude werden frühere Präsidenten mit Skulpturen geehrt, die inmitten bunter Blumenrabatten thronen.

Mannerheimintie 30; Tram 4, 7, 10: Kansallismuseo; www.eduskunta.fi; Führungen Sa 11 und 12.30, erster So im Monat 12 und 13.30, 1. Juli–31. Aug. tgl. 11 und 13 Uhr (ab Besuchereingang linker Aufgang zum Parlament); Eintritt frei; Besucherzentrum: Arkadiankatu 3; Mo–Fr 10–16, 1. Sept.–15. Juni auch Mo–Do bis 18 Uhr

Eira ⤍ S. 119, F 10/11–S. 120, A 14/15
In westlicher Nachbarschaft zum Kaivopuisto (→ Sehenswertes, S. 52) im Süden der Stadt erstreckt sich der Stadtteil Helsinkis, der zu Recht fast als Synonym für Nationalromantik und Jugendstil in der Stadt genannt wird. Der Villenbezirk Eira südlich der Tehtaankatu ist ein Wohnviertel für die gut situierte Mittel- und Oberschicht, eher ruhig und beschaulich geht es zu. Drei namhafte Planer und Architekten verwirklichten hier ihre Ideen: der mit dem finnischen Jugendstil als Leitfigur untrennbar verbundene Lars Sonck, Armas Lindgren und Bertel Jung. Im frühen 20. Jh. entstanden die meisten Häuser. Der Name Eira geht auf das Krankenhaus Eira (Eiran sairaala) zurück, benannt nach der alten skandinavischen Göttin der Heilkunde. Hier, in der Laivurinkatu 29, ließe sich ein Gang durch das Villenviertel beginnen. Lars Sonck zeichnet für den Türmchen bewehrten Bau von 1905 verantwortlich, der

heute eine Privatklinik beherbergt. Auf der anderen Straßenseite erstreckt sich der **Eirapark (Eiran puisto)**, ein Ruhepunkt mit Bänken, Grün und opulentem Blumenschmuck.

Biegt man von hier in die Armfeltintie, ist man schon mittendrin im architektonischen und fotografischen Entzücken. Die Straßen verlaufen hier auf leicht hügeligem Terrain bogenförmig um den **Engel-Platz (Engelin aukio)** herum, der wiederum mit Bänken und Hecken zum Verweilen einlädt. Weitere Highlights im Bezirk Eira sind die **Villa Ensi**, Merikatu 23, und die Fassaden an der Huvilakatu, einer auffallend geschlossen wirkenden Häuserfront. In Sichtweite des Eira-Krankenhauses zeigt sich an der Nordseite der Tehtaankatu eine nadelförmig aufragende Landmarke: die Kirchturmspitze der **Mikael-Agricola-Kirche**, Tehtaankatu 23, ebenfalls von Lars Sonck, allerdings ein Spätwerk (1935) mit mehr funktionalistischer, strengerer Stilausrichtung. Die Nadelspitze ragt 103 m hoch auf.
Tram 3B: Eiran sairaala

Esplanadenpark   ⋯⇢ S. 120, A 13
Eine grüne Oase mitten in der Stadt ist der Grünstreifen zwischen den Prachtstraßen **Pohjoisesplanadi** und **Eteläesplanadi**. Mehrere Skulpturen bevölkern das Areal, so die des Nationaldichters Johan Ludvig Runeberg (1804–1877), geschaffen von seinem Sohn Walter, und die des Poeten Eino Leino von Lauri Leppänen (1953). Ruhebänke, Wasserspiele, Eisbuden, die Sommerbühne am Südende und jede Menge Möglichkeiten zum Lesen und Picknicken im Sonnenschein zeichnen das Bild zwischen Schwedischem Theater und Südhafen. Ein beliebter Treffpunkt, **Espa** nennen ihn die Einheimischen. Edle Geschäfte, Restaurants und Cafés liegen ganz nah, und im Sommer zieren manchmal Skulpturen und Objekte als Ausstellung im Grünen die Wege. Auf und rund um die Sommerbühne zeigen zu

angekündigten Zeiten Nachwuchsmusiker ihr Können, treten Artisten und Gaukler auf, finden Aktionen für Kinder statt – ein buntes Programm ab Mittsommer. Im Winter lockt der St.-Thomas-Weihnachtsmarkt mit kunsthandwerklichen Schätzen, mit finnischem Glühwein (Glögi) und viel Atmosphäre. Übrigens: Espa ist auch ein freier WLAN-Spot.
Tram 1, 3T: Kauppatori

Finlandia talo (Finlandiahalle)
⋯⇢ S. 115, F 3/4
Der große finnische Architekt Alvar Aalto plante ab 1962 die weiße Marmorschönheit an der Töölö-Bucht. Die Finlandiahalle, in Aaltos architektonischem Verständnis als Gesamtkunstwerk gestaltet, ist ein bedeutendes Konzert- und Tagungszentrum. Die Einweihung erfolgte 1975 rechtzeitig zur Unterzeichnung der KSZE-Schlussakte. Aaltos Handschrift ist erkennbar in der klaren Linienführung, in der Sorgfalt bei Natureinbindung und Materialauswahl, vom Äußeren bis hin zu den Details der Innenraumgestaltung mit Treppenläufen, Türgriffen, Sitzmöbeln und Lampen. Funktionalismus in Verbindung mit Natur und Ästhetik – diese Philosophie findet sich im abgeschrägten Dach, in der Asymmetrie des Konzertsaals, in den sich verjüngenden Wandverläufen, im Schwung der Geländer und Fenster, in der Wertigkeit von Material und Verarbeitung. Aaltos Idee war ursprünglich weiterreichend – er hatte eine Konzeption für das gesamte Areal an der Töölö-Bucht entwickelt, mit Opernhaus, Kunstmuseum, Stadtbücherei, einer Allee der Freiheit sowie einem Platz der Begegnung nahe den für Finnlands Selbstverständnis und Unabhängigkeit so wichtigen Parlaments. Es blieb bei der Finlandiahalle – wenn auch die später entstandene Oper und die Musikhalle an die ursprünglichen Ideen des Meisters erinnern mögen. Von Aalto stammt

neben mehreren Gebäuden in Munkkiniemi (→ Sehenswertes, S. 66) und dem Haus der Akademischen Buchhandlung (→ Spaziergänge, S. 86) auch das **Kulttuuritalo (Arbeiterkulturhaus)** in Kallio, Sturenkatu 4. Es ist zu Veranstaltungen und Konzerten geöffnet, hält mehrere Säle und Auditorien unterschiedlicher Größe bereit, lässt sich außerhalb solcher Anlässe jedoch nicht komplett besichtigen. Das angeschlossene **Kultti-Café**, stilecht eingerichtet, ist für die Öffentlichkeit von Montag bis Freitag von 9 bis 15 Uhr geöffnet.
Mannerheimintie 13 E; Tram 4, 7, 10: Kansallismuseo; Info: Tel. 09/4 02 42 11 Mo–Fr 9–17 Uhr; www.finlandiatalo.fi; Eintritt mit Führung zu bestimmten Zeiten 7 €, Kinder 5 €

Gardenia Helsinki

⇢ S. 117, nördl. F 5

Vor den Toren der Stadt beginnen die Tropen – im Stadtteil **Viikki**. Gardenia bezeichnet die tropischen Gärten, die Stadt und Universität gemeinsam zu Lehr- und Erholungszwecken unterhalten. Markant erhebt sich das dreieckig-zeltförmige Glashaus inmitten der Außenanlagen. Der Schwerpunkt liegt im südostasiatischen Raum: Reis, Bambus, Baumwolle, Palmen, Orchideen und exotische Früchte. Draußen ist der Japanische Steingarten eine besondere Attraktion. Gardenia bietet außerdem den Helsinkiern Tipps für Gartenkultur und Pflanzenpflege und organisiert Wanderungen in die Umgebung. Auch das Arboretum Viikki, der Gutshof und die Gärten von Annala und das Naturreservat an der Bucht Vanhankaupunginlahti warten auf Erkundung. Einen Umgebungsplan für Ausflüge vor Helsinkis Haustür gibt es in Gardenia. Nett ist das Café mit Sommerterrasse.
Koetilantie 1; Bus 57, 68, 79 oder 550 bis Biokeskus/Viikinkaari; www.gardenia-helsinki.fi; Mo–Do 10–18, Sa, So 10–17 Uhr; Eintritt 3,50 €, Kinder 1,80 €, mit Helsinki Card frei

Havis Amanda

⇢ S. 120, B 13

Die vielleicht bekannteste Skulptur der finnischen Kapitale bewacht anmutig den Zugang zu Marktplatz und Südhafen (→ Spaziergänge, S. 86) – Havis Amanda, die Liebenswerte des Meeres, nackt und ein wenig kokett

Im Sommer grüne Flaniermeile, im Winter stimmungsvolle Kulisse für den hier stattfindenden Weihnachtsmarkt: der Esplanadenpark im Herzen der Stadt.

(schließlich wurde sie in Paris gefertigt) sich umschauend über dem mit Bronze-Robben umlegten Springbrunnen-Rund aus Granit. Damals noch kontrovers diskutiert und umstritten, ist das Werk Ville Vallgrens in Bronzeguss (1906) heute geliebtes Wahrzeichen der Stadt und wird am 1. Mai, dem Feiertag der Studenten (Vappu), traditionell einem Duschbad unterzogen und mit der weißen Studentenmütze geschmückt.

Südhafen; Tram 1, 3 T: Kauppatori

Helsingin kaupungin talvipuutarha (Städtischer Wintergarten)

⤷ S. 115, F 2

Nahe dem Olympiastadion gibt es freien Zutritt zum Wintergarten der Stadt. Im Gewächshaus zeigt sich, was bei richtiger Haltung und Pflege aus den eigenen Zimmerpflanzen werden könnte, draußen im Rosengarten ist es besonders zur Blütezeit der zahlreichen Arten schön. Der Garten existiert schon seit etlichen Jahren, wurde er doch bereits 1893 erstmals angelegt. Die etwas erhöhte Lage erlaubt einen wunderbaren Blick auf die Töölö-Bucht.

Hammarskjöldintie 1; Tram 8: Kaupunginpuutarha; www.hkr.hel.fi; Di 9–15, Mi–Fr 12–15, Sa, So 12–16 Uhr; Eintritt frei

Holzarchitektur in Helsinki

Zwei Stadtteile sind es, in denen noch zusammenhängende Holzhausviertel zu entdecken sind: Vallila und Käpylä.

Etwas außerhalb der Innenstadt und nördlich von Kallio liegt **Vallila** (⤷ S. 116, B 5) und vermittelt mit dem Gebiet Puu-Vallila ein ganz anderes Helsinki. Nicht Steinbauten und Jugendstil, nicht Funktionalismus prägen den alten Kern des Vororts, sondern traditionelle und romantisch anmutende Holzarchitektur. Die in verschiedenen Farben gestrichenen Häuser, von Weiß und Hellgelb über pastellenes Rosa, Grün und Zartblau bis zu Ochsenblutrot, mit Weiß abgesetzt, entfalten ihren Charme mit verzierten Veranden, Holzzäunen, Blumenampeln und inmitten grüner Gärten und Innenhöfe. Das unverändert erhaltene Holzhausmilieu stammt aus den Jahren 1910 bis 1927, größeren Renovierungen wurde es in den 1980er-Jahren unterzogen. Einkehr

Warten auf den Einsatz: Die finnische Eisbrecherflotte, die zweitgrößte der Welt, parkt im Sommer an den Ufern des Stadtteils Katajanokka.

im stilechten Holzhaus verspricht die unprätentiöse kleine Nachbarschaftskneipe Pikku Vallila, Vallilantie 19 C. Übrigens: Der Leadsänger der Gruppe HIM, Ville Valo, hat in Vallila das Licht der Welt erblickt.

Käpylä (····⋙ S. 116, nördl. B 5), noch weiter vom Zentrum entfernt, beginnt nördlich von Pasila am Velodrom. Auch hier heißt der ansprechende Teil Holz-, also Puu-Käpylä. Die Häuser mit großzügigen Gärten stammen aus den 1920er-Jahren, sind also unwesentlich jünger als die in Vallila. Auch hier verschieden farbige Fassaden, Blumen, Erker und beschauliche Vorstadtatmosphäre. Einst wohnten nicht gerade die Reichen und Mächtigen in Vallila und Käpylä – inzwischen gibt es eine gute Mischung Alteingesessener, junger Familien, betuchter Zeitgenossen, Künstler und Kreativer, was dem Flair der Stadtteile gut tut.
Vallila; Tram 7: Päijänteentie; Käpylä; Tram 1: Metsolantie

Jäänmurtaja (Eisbrecherflotte)
····⋙ S. 117, D 8
Im Norden Katajanokkas nahe der früheren Marinekaserne ist der größte Teil der insgesamt neun Schiffe umfassenden finnischen Eisbrecherflotte zu Hause – wenn sie nicht im Einsatz ist. Im Winter nehmen die Riesen mit gewaltiger und hochtechnisierter Maschinenkraft bis hinauf in den hohen Norden den Kampf gegen zufrierende Fahrrinnen auf, sorgen dafür, dass Fracht- und Fährverkehr nicht zum Erliegen kommen, dass mehr als die Hälfte der Seehäfen des Landes offen bleibt. Allerdings macht sich auch in Finnland der Klimawandel bemerkbar: Nicht mehr ganz so lange dauert die Saison für Sisu, Voima und Co., nicht mehr ganz so weit im Süden des Landes liegt ihr ständiger Einsatz. Und doch: Ohne geht es nicht; die Flotte ist, nach der Russlands, die zweitgrößte der Welt. Imposant jedenfalls, sie zu bestaunen,

im Sommer auch in Ruheposition vom Uferpfad aus. Übrigens: Im Winter kann man in Kemi (Lappland) Reisen an Bord des Eisbrechers Sampo buchen. Und in Kotka ist der Koloss Tarmo, der älteste erhaltene Eisbrecher der Welt, als Museumsschiff zu besichtigen.
Merikasarmin laituri; Tram 4: Merisotilaantori

Johanneksen kirkko (Johanneskirche)
····⋙ S. 120, A 14
Sie ist das größte Gotteshaus in der Stadt: die lutherische Johanneskirche mit 2600 Sitzplätzen, erbaut im Jahr 1891 vom schwedischen Konstrukteur A. E. Melander im neugotischen Stil. In hügeliger Lage des gleichnamigen Parks kommen roter Backstein, Spitzbogenfenster und die beiden stattlichen Türme mit kupferbedachten Spitzen, von je vier kleineren Spitzen flankiert, optimal zur Geltung. Die Kirche spielt beim jährlichen Orgelsommer (→ Feste und Events, S. 38) eine tragende Rolle, nicht zuletzt dank ihrer ausgezeichneten Akustik. Mittwochs um 20 Uhr hat sie dafür ihre Türen weit geöffnet, ebenso wie für andere Konzerte gern auch mit Chorwerken.
Korkeavuorenkatu 12; Tram 10: Johanneksen kirkko; Mo–Fr 12–15 Uhr

Jugendsali (Jugend-Saal)
····⋙ S. 120, A 13
Auch wenn der typisch finnische Jugendstil hierzulande nationalromantisch genannt wird – das Wort Jugend ist sprachübergreifend auch im Finnischen verständlich. Die Architekten Lars Sonck und Walter Jung entwarfen die Räumlichkeiten ursprünglich für eine Bank. Bis vor Kurzem residierte hier die Helsinki-Stadtinformation, inzwischen steht das neue Nutzungskonzept: Jetzt beherbergen die eindrucksvollen Räume mit verzierten Bögen, sich verjüngenden Giebelwänden, Oberlichtfenstern und Malereien Ausstellungsräume, ein

Café und eine kleine Bühne für Livemusik. Die Stadtinformation hingegen ist umgezogen – ein Stückchen weiter ins ebenfalls sehenswerte **Rathaus** an der Pohjoisesplanadi 11–13, wo sich hinter der schönen Empirefassade von Engel ein 1970 von Aarno Ruusuvuori behutsam umgestaltete Innenleben verbirgt, das die hohen Rundbögen und Decken mit heller Moderne füllt.

Pohjoisesplanadi 19; Tram 1, 3T: Kauppatori; www.cafejugend.fi

Kaivopuisto (Brunnenpark) 👫☆

⤳ S. 120, B 14/15

Einer der grünsten Flecken Erde im südlichen Innenstadtbereich, eine Hügellandschaft am Meeresufer lockt mit Spazierwegen, mit altem Baumbestand und Wiesenflächen, mit romantischen Ausblicken auf Wasser und Inseln, die von hier aus mit dem Boot erreichbar sind, wie etwa Harakka (Saaristo, → S. 58) oder Särkkä, das zu Suomenlinna (→ Spaziergänge, S. 90) gehört und ein Inselrestaurant trägt.

Zum Stadtteil Kaivopuisto, östlich des großen Grüns um die Itäinen Puistotie herum gelegen, zählt auch das **Botschaftsviertel** der Stadt mit geschichtsträchtigen Villen an ruhigen, verwinkelten Straßen, gleichwohl bei aller gelassenen Stimmung teils scharf bewacht. Kaivopuisto, **Brunnenpark**, heißt nicht nur der Stadtteil, sondern vor allem der Park selbst, war er doch einst die Kuranlage Helsinkis für Gäste der feinen Gesellschaft von nah und Adelige aus dem ferneren Russland, wovon noch das ehrwürdige **Kaivohuone**, das **Brunnenzimmer**, Zeugnis ablegt. Heute ist das ursprünglich von Carl Ludwig Engel konzipierte, später von Theodor Höijer umgestaltete Kaivohuone Rastadresse und angesagte Partylocation mit Sommerterrasse, Bar und Club. Der Park ist für die Helsinkier wie ein Wohnzimmer. Hoch her geht es, wenn beliebte Musik-

gruppen von Schwermetall bis Pop bei den beliebten, zum Teil kostenlosen Sommerkonzerten und dem Publikum einheizen. Gepflegte Sommerpause, sehen und gesehen werden ist in den Strandcafés angesagt – vor allem im legendären **Café Ursula** (→ Essen und Trinken, S. 21), auf das man am südöstlichen Ufer des Parks stößt: ein Muss, eine regelrechte Institution in Helsinki, und das schon lange, stand doch hier Mitte des 19. Jh. das Kur-Badehaus. Von der Terrasse schweift der Blick hinüber nach Harakka und, etwas weiter entfernt, Suomenlinna, dessen Kirche man als Marke am Horizont gut ausmachen kann.

Folgt man der Uferlinie nach Westen, kommt man zu weiteren Fähranlegern (Merisatama) und kann auf dem Weg dorthin eine der **Teppichwaschanlagen** Helsinkis bestaunen: hölzerne Stege, Tische und Trockenstangen, zu denen Familien ihre bunten Baumwollteppiche tragen, um ihnen mit Wurzelbürste, Seewasser und Mäntysuopa, Schmierseife aus Kiefernextrakt, zu Leibe zu rücken. Ein traditionelles Säuberungsritual, ein Familientreffpunkt verbindet sich mit solchen Plätzen, von denen es in der Stadt gleich mehrere gibt. Wenn die Teppiche in Reih und Glied trocknen, ergänzt dieser Farbtupfer das sommerlich-fröhliche Bild des Parks.

Ein Wahrzeichen des Kaivopuisto ist an dessen höchstem Punkt fast im Herzen des Parks ein kleines Türmchen, das **Sternenobservatorium Ursa**. Nördlich des Kaivopuisto schließt sich der Observatoriumspark an; hier liegt das Hauptgebäude der **Sternwarte**: In dem von Engel 1833 gestalteten Bau, der leider nicht zu besichtigen ist, obwohl er als ein Meisterwerk des Planers gilt, arbeitet das astronomische Institut der Universität. Am Fuß des Observatoriumsparks sei noch eine Besonderheit erwähnt: die **Deutsche Kirche** (**Saksalainen kirkko**) in der Unioninkatu 1.

Tram 3B: Kaivopuisto

Kallion Kirkko (Kallio-Kirche)
⤳ S. 116, A 6

Schnurgerade läuft die Siltasaarenkatu nach Norden auf das unübersehbare nationalromantische Gotteshaus zu. Der große Architekt seiner Zeit, Lars Sonck, entwarf den 1912 fertiggestellten wuchtigen und doch dynamischen Bau aus grauem Granit, der innen eher mit Schlichtheit überrascht, mit akzentuiert gesetzten Malereien, Girlanden und Verzierungen und mit einer Orgel mit hörenswertem Klang. Kein Geringerer als Jean Sibelius komponierte die Melodie des Glockengeläuts. Einen Besuch lohnt die Kallio-Kirche nicht zuletzt zu den sommerlichen Orgelkonzerten montags um 19.30 Uhr. Östlich des Gotteshauses bietet sich ein kleiner Abstecher zum Torkkelinmäki an, einem kleinen Bebauungsgebiet mit schönen Fassaden.

Itäinen Papinkatu 2; Tram 3B: Karhun puisto; Mo–Fr 12–18, Sa, So 10–18 Uhr

Kamppi
⤳ S. 119, F 9

Kampin keskus steht für eines der neuesten Einkaufszentren mit etwa 160 Geschäften, gastronomischen Stationen und Dienstleistungsanbietern, für urbanes Wohnen in schicken Cityappartements – und gleichzeitig für den unter die Erde verlegten Busbahnhof für den Fern- und Regionalverkehr. Fast wie im Flughafenterminal mutet die Logistik hier an; oberirdisch hat es dadurch viel Entlastung gegeben. Der freie Platz, der entstanden ist, wird als Außenterrasse für Lokale und als Veranstaltungsfläche genutzt. Hier findet sich auch die Servicestelle der Helsinkier Verkehrsbetriebe HKL. Wer sich für Helsinkis Stadtplanung interessiert, ist im alten Busterminal im **Infozentrum Laituri** willkommen, kann Ausstellungen, Pläne und virtuelle Touren anschauen, aber auch Ideen hinterlassen. Denn die Stadt hat noch viel vor. Kaum ist der Hafen in Vuosaari eröffnet, sind Viikki und Kivinokka neu erschlossene Siedlungsgebiete, geht es in den alten Hafenarealen in Sörnäinen und Jätkäsaari weiter, stehen Kalasatama und Kruunuvuorenranta auf dem Programm.

Narinkka; Tram 3T, Metro: Kamppi; www.kamppi.fi und http://laituri.hel.fi; Laituri: Di–Fr 10–18, Sa 12–16 Uhr

Der 1829 gegründete Botanische Garten (→ S. 54) ist mit seinen Gewächshäusern und Freiflächen rund ums Jahr ein beliebtes Ziel nicht nur für Pflanzenliebhaber.

Kasvitieteellinen puutarha
(Botanischer Garten) ····⋗ S. 116, A 8

Der Botanische Garten vereint Gewächshäuser und Freianlagen mit
insgesamt etwa 4000 Pflanzenarten –
aus allen Regionen der Welt, geord-
net präsentiert und gut gekennzeich-
net. Der Garten gehört zum Naturhistorischen Museum der Universität
Helsinki. Im Stadtteil **Kumpula** findet
sich ein weiterer grüner Lehrgarten,
mit Kulturpflanzen von Gewürzen
über Gemüse, Obstbäume und Bee-
rensträucher bis zu alten Rosensorten.
Unioninkatu 44/Kaisaniemenranta 2;
Tram 3, 6, Metro: Kaisaniemi;
www.fmnh.helsinki.fi; Gewächshäuser:
1. Okt.–31. März tgl. 10–15, 1. April–
30. Sept. 10–17 Uhr; Freigelände: 1. Okt.–
31. März tgl. 9–17, 1. April–30. Sept.
Mo–Fr 7–20, Sa, So 9–20 Uhr; Eintritt 5€,
Kinder 2,50€, mit Helsinki Card frei;
Kumpula: Jyrängöntie 2; Tram 6, 8:
Hämeentie; 10. Juni–30. Sept. Mo–Sa
12–23 Uhr; Eintritt 4€, Kinder 2€, mit
Helsinki Card frei

Keskuspuisto (Zentralpark)
····⋗ S. 115, D 1

Über 11 km Länge hinweg durchzieht
der insgesamt mehr als 10 qkm große Zentralpark die Stadt. Kurz hinter
dem Olympiastadion beginnend,
reicht er, sich mählich verbreiternd,
bis zur Grenze der Nachbarstadt Vantaa im Norden. Während der südliche
Teil noch eher einem angelegten Kul-
turpark mit gepflegten Wegen entspricht, wird es gen Norden ursprünglicher und natürlicher, variieren Wiesen und Waldgebiete, Weiden
und Felder und das Flusspanorama
am **Vantaanjoki** das Landschaftsbild.
Flora und Fauna sind vielfältig
und vermitteln trotz Stadtnähe einen
authentischen Eindruck der Natur
Südfinnlands. Das Naherholungsgebiet wird eifrig genutzt: im Sommer
von Wanderern, Joggern und Radfah-
rern, im Winter von Skilangläufern,
die sich über unzählige Kilometer
gespurter Loipen, teils beleuchtet,

freuen. Einkehrmöglichkeiten, Aus-
rüstungsverleih, Wanderhütten, das
Outdoorzentrum Paloheinä mit Sauna und Café und kleine Attraktionen
für die ganze Familie, zum Beispiel
die **Haustierfarm Haltiala** 👪👍 (Laa-
mannintie 17), sorgen für Abwechslung. Hier bekommt man einen Einblick ins bäuerliche Hofleben, kann
Tiere sehen und manche auch strei-
cheln, am Grill Würstchen braten oder
sich im Café verwöhnen lassen.
Tram 7: Eläintarha

Kulttuuritehdas Korjaamo (Kultur-
fabrik Korjaamo)   ····⋗ S. 115, E 2

Seit der Erweiterung im Sommer
2008 darf sich die Kulturfabrik Korjaamo als eines der größten Kultur-
zentren des Nordens rühmen. Untergebracht im alten Straßenbahndepot
(nebenan ist immer noch das Tram-
museum zu finden), trifft man sich zu
Kaffee, Klön und Salat, auf einen
Cocktail oder Wein, zu Ausstellungen,
Konzerten, Bühnenevents, Film und
Zirkus. Galerien, Bistro-Café, Musik-
Club und Bar mit Innenhof und Terrasse; Theater und die Wagenhalle
(Vaunuhalli) bieten dafür alle Vo-
raussetzungen. In der Lounge residiert ein Fernsehstudio, Kreative und
Freelancer haben Büros und Arbeitsräume im weiträumigen Komplex. So
will Korjaamo auch weiterhin Kultur-
leute vernetzen. Im Korjaamo-Shop
lässt sich trefflich nach ausgefallenen
DVDs, CDs und Büchern vor allem
zu den Themen Kunst, Fotografie
und Film stöbern. Lieblingsfarbe im
Korjaamo sind Rot- und Pinktöne –
das schafft eine freundlich-schräge
Atmosphäre. Außen beherrschen dagegen klassisches Gelb und Weiß
die Fassade. Die zweite, vielleicht
noch bedeutendere Kulturfabrik der
Hauptstadt ist Kaapelitehdas, die
Kabelfabrik (→ Museen, S. 75).
Töölönkatu 51 B; Tram 3T, 4, 10:
Töölön halli; www.korjaamo.fi;
Mo–So 11–17 Uhr und zu Veranstaltun-
gen, Bar ab 17 Uhr

Für eine Pause vom Sightseeing eignen sich die zahlreichen Restaurants und Cafés im Glaspalast, einem weiteren architektonischen Schmuckstück Helsinkis.

Korkeasaari Zoo (Helsinki Zoo) 👫
⤑ S. 117, D/E 7/8

Viele Großstädte haben einen Zoo – Helsinki hat Korkeasaari, eine eigene Zoo-Insel. Schon die Anfahrt ist ein Abenteuer – mit dem Wasserbus-Fährboot geht es ab Marktplatz hinüber. Wer die Wanderung über die grüne Insel Mustikkamaa (Blaubeerland) vorzieht, nimmt den Bus oder die Metro und macht sich über die Brücken auf den Weg. Korkeasaaren Eläintarha, der Tierpark selbst, befindet sich bereits seit 1889 auf der Insel. Natürlich fühlen sich vor allem Arten aus gebirgigen Regionen und kälteren Klimazonen bis hinauf in die arktische Tundra wohl. Großräumige Aufteilung und klimatisierte Häuser erlauben jedoch auch den Bewohnern im Großkatzental oder aus dem Amazonasgebiet ein artgerechtes Leben.

Korkeasaari; Wasserbus ab Ostende Marktplatz alle 30 Min. Mai–Aug. 10–20, Sept. 10–18 Uhr, Bus 16, Metro: Kulosaari; www.korkeasaari.fi; Mai–Aug. tgl. 10–20, April und Sept. tgl. 10–18, sonst tgl. 10–16 Uhr; Eintritt 7 €, Kinder 6–17 Jahre 4 €, mit Helsinki Card frei, Eintritt plus Boots-Retourticket 12 €, Kinder 6 €, mit Helsinki Card frei

Lasipalatsi (Glaspalast)
⤑ S. 115, F 4

Glaspalast heißt Helsinkis Film- und Medienzentrum, dem Selbstverständnis nach Präsentationsfläche für die heimische moderne Informationsgesellschaft. Landmarke neben dem Gebäude ist der runde Uhrenturm. Drei Architekturstudenten, von denen besonders Viljo Revell später zum renommierten Architekt avancierte, entwarfen den weiß getünchten, funktionalistischen Bau als Interimslösung für die Sommerolympiade 1940. Die Olympischen Spiele fielen kriegsbedingt aus – das Gebäude blieb und beherbergt, Ende der 1990er-Jahre komplett renoviert, immer noch das Traditionskino Bio Rex, zudem das Restaurant Lasipalatsi, Internetcafés, Bars und virtuelle Bibliothek. Und natürlich etliche Kultureinrichtungen, IT- und Medienanbieter.

Mannerheimintie 22-24; Tram 4, 7, 10: Lasipalatsi; www.lasipalatsi.fi

Musiikkitalo (Musikhaus)

⋯⋰⟩ S. 115, F 4

Eines der neuesten Bauvorhaben in der rege sich verändernden Stadt ist das Musikzentrum an der Töölö-Bucht. Hier wird das musikalische Herz Helsinkis schlagen, sollen Philharmonie, Radiosinfonieorchester, Sibeliusakademie ihre Heimat finden, Konzerte und Kulturveranstaltungen erstklassigen Kunstgenuss bieten. Das Musikhaus ist Teil des Finlandia-park-Projekts (Finlandiapuisto), das das gesamte Areal zwischen Finlandia talo (Finlandiahalle) und Bahnhof in Neuplanung nimmt.

Tram: 4, 7, 10: Kansallismuseo; www.musiikkitalo.fi

Olympiastadion und Stadionin torni (Aussichtsturm)

⋯⋰⟩ S. 115, E 2

Attraktion ist der Turm – bietet er doch die umfassendste Aussicht mit seiner Höhe von 72 m über die Stadt, über die Ufer der Töölö-Bucht bis hin zum Dom. Bequem kommt man mit dem Fahrstuhl hinauf, Fotos erklären den schweifenden Blick. Direkt nach unten schaut man ins Stadionrund und zur Fußball-arena hinüber – leider nur ins leere, denn bei Veranstaltungen bleibt der Turm geschlossen. Das Stadion selbst ist ein funktionalistischer Bau, gedacht für die Spiele 1940, in Besitz genommen als olympische Stätte kriegsbedingt erst 1952. Das finnische **Sportmuseum** hätte sich wohl keinen passenderen Platz suchen können. Um das Stadion herum finden sich weitere Stätten für Sport, Spaß und Bewegung: das Finnair-Stadion für Fußballspiele und Konzerte, das Football-Feld, das Schwimmstadion und die Eissporthalle nicht nur für den Heimatclub HIFK. Vor dem Stadion läuft einer, von dem man in Finnlands Sportgeschichte immer noch mit Stolz spricht: Paavo Nurmi (1897–1973), der begnadete Langstreckenläufer, 1925 von Wäinö Aaltonen fast wie im Fluge, kaum den Boden berührend, in Bronze festgehalten.

Tram 3T, 4, 7, 10: Töölön halli; www.stadion.fi; Sa, So 9–18, 1. Juni–31. Aug. Mo–Fr 9–19, sonst 9–20 Uhr; Eintritt zum Turm 2 €, Kinder 1 €, mit Helsinki Card frei

Reif für die Insel: Erholungsuchende schätzen die Ruhe, Sonnenanbeter die Sandstrände. Pihlajasaari ist eine der beliebtesten Badeinseln südlich von Helsinki.

Presidentin linna
(Präsidentenpalais) ⸻⟩ S. 120, B 13

Im Präsidentenpalais mit imponierender Säulenfassade hat sich einmal mehr des Zaren Hofarchitekt, Carl Ludwig Engel, verwirklicht – er erweiterte 1843 bis 1845 das zunächst als Wohnhaus eines wohlhabenden Händlers und Reeders errichtete Gebäude, damit Russlands Emperator in Helsinki eine angemessene Bleibe hätte. Seit der Unabhängigkeit Finnlands diente es dessen Präsidenten gleichermaßen als Amtssitz und Dienstwohnung. Heute wird der klassizistische Prachtbau immer noch zu Repräsentationszwecken genutzt, wie dann die uniformierten Wachen zeigen. Das Staatsoberhaupt dagegen residiert seit 1993 auf der Halbinsel Mäntyniemi etwas außerhalb des Zentrums. Das glänzende Innere mit Säulen, vergoldeten Kapitellen, Kristalllüstern und Goldfiguren ist leider nicht zu besichtigen.

Pohjoisesplanadi 1; Tram 1, 3T: Kauppatori

Rautatieasema (Bahnhof)

⸻⟩ S. 116, A 8

Helsinki verfügt über ein wahres Schmuckstück an Bahnhof – den Bau aus Stahlbeton mit rötlicher Granitfassade hat kein Geringerer als Eliel Saarinen konzipiert. 1909 bis 1919, zu einer Zeit, als die Ära der Nationalromantik zu Ende ging, gelangte sein Entwurf zur Verwirklichung, zwar noch mit nationalromantischen Anspielungen, aber doch in der klaren Linienführung des neuen Rationalismus. Der machtvolle Uhrenturm, der Halbrundbogen der vorderen Fassade und vor allem die von Emil Wikström geschaffenen monumentalen steinernen Lampenträger zu beiden Seiten des Hauptportals sind die Wahrzeichen des Bahnhofs – besonders eindrucksvoll, wenn bei Einbruch der Dunkelheit die kugelförmigen Leuchten in den Händen der Figuren zu strahlen beginnen.

MERIAN-Tipp

⑧ Pihlajasaari

Die beliebteste und vielleicht schönste Badeinsel Helsinkis besteht eigentlich aus zwei Inseln, durch eine kleine Brücke miteinander verbunden. Das 26 ha große Areal besticht durch sandige Strände, Felsformationen mit Sonnenplätzen, schattige Wäldchen, dazwischen versteckt einige alte Holzvillen, zum Teil unter Denkmalschutz. Das Wasser ist ausgesprochen klar und sauber. Im Ostteil der Insel befindet sich ein FKK-Strand. Ein kleiner Bootshafen und ein Platz mit Zeltmöglichkeiten übers Wochenende gehören zur Infrastruktur der eigenen kleinen Inselwelt, ebenso Grillstationen für Selbstversorger, eine Sauna, aber auch Restaurant, Kiosk und Café. Wer nicht nur faulenzen möchte, folgt den Joggingpfaden. Und diese Stadt ist nah und doch so fern …

Wasserbusse im Sommer regelmäßig ab Merisatama und Ruoholahti

⸻⟩ S. 119, südl. E 12

Das funktional gestaltete Bahnhofsinnere mit seinen hohen Hallen wirkt auf angenehme Art gleichermaßen erhaben wie luftig. Ein Ort der Geschäftigkeit mit Atmosphäre, auch weil Modernisierungen behutsam vorgenommen wurden. Ein Blick in das leider nicht mehr so stimmungsvolle ehemalige Restaurant Eliel (jetzt ist es ein gesichtsloses Bistro mit Spielautomaten) lohnt sich wegen der Wandmalereien – und weil hier Bertolt Brecht seine Protagonisten aus den Flüchtlingsgesprächen verortete. Durch den Bahnhofstunnel mit Einkaufsmöglichkeiten auch noch zu später Stunde kommt man trockenen Fußes zur Metrostation und in weitere daran anschließende Passagen.

Asema aukio; Tram 3 B/T, 6, 9: Rautatieasema

Saaristo (Inselwelt) 👫

Die Insel- und Schärenwelt vor Helsinki hat ihren ganz eigenen Zauber – auf felsigen, teils bewaldeten, größeren und kleineren Eilanden tragen Museen, Inselrestaurants, Saunas, Bootshäfen, Strände, Wanderwege, Grillplätze und meerumspülte Ruhe zu Urlaubsgefühl und Erholung bei. Zu einigen Inseln bestehen Fährverbindungen, andere sind nur mit dem eigenen (oder gemieteten) Boot erreichbar; manche befinden sich auch in Privatbesitz und sind nicht öffentlich zugänglich. 315 solcher Eilande mit verschiedenstem Charakter liegen innerhalb des Stadtgebiets.

Südlich vor dem Kaivopuisto lagert **Harakka** (╌╌> S. 120, B 15/16), die kleine Insel der schönen Künste und Beobachtungsort zahlreicher Vogelarten. Einst Militärstützpunkt, ist das Eiland heute grünes Klassenzimmer für Schulkinder, wartet im Naturzentrum und den alten Kasematten mit Ausstellungen über Schärennatur und Umweltschutz auf. Im Künstlerhaus mit Ateliers arbeiten und wohnen zeitweise Maler, Töpfer und andere Kunsthandwerker.

Pihlajasaari, eine der beliebtesten Erholungsinseln, ist besonders für Familien mit Kindern eine Empfehlung (→ MERIAN-Tipp, S. 57).

Seurasaari (╌╌> S. 114, A 2/3), die Heimat des bedeutenden Freilichtmuseums (→ Museen, S. 78), ist ein besonders lohnenswertes Ausflugsziel. Bereits 1882 führte die erste Vorläuferin der heutigen schmucken weißen Holzbrücke vom Festland hinüber. Zwei Drittel der Insel sind mit Wald und Wiesen bedeckt, Spazierwege erkunden die Insel, besonders schön, wenn sie am Ufer entlangführen. Die Landschaft steht zum Teil als Nationalpark unter Naturschutz; Naturliebhaber freuen sich nicht nur an der abwechslungsreichen Vegetation, sondern auch an den zahmen Eichhörnchen. Strandbad und Badebuchten, Sommerrestaurant, Kiosk und Café sorgen für Entspannung und Genuss. Auch im Winter lebt Seurasaari und teilt Schnee und Kälte mit Eislochschwimmern, Skilangläufern und Rodlern. Die Insel feiert gern: Es gibt diverse Musik- und Volkstanzveranstaltungen, in der Adventszeit das weihnachtliche Familienevent und als Höhepunkt das traditionelle Mittsommerfest Juhannus mit Folklore, Handwerksdarbietungen, Tanz, Speis' und Trank und dem großen Freudenfeuer, das die Sonne und den Sommer begrüßt.

Gleich eine ganze Inselgruppe ist unter der Bezeichnung Suomenlinna (╌╌> S. 121, E 16) zusammengefasst – ein Muss für jeden Helsinki-Besucher ist dieses UNESCO-Weltkulturerbe (→ Spaziergänge, S. 90).

Es fällt nicht so richtig auf, dass auch **Tervasaari** (╌╌> S. 116, C 8) eine Insel ist, denn vom Pohjoisranta im Stadtteil Kruununhaka führt ein befestigter Damm kaum merklich hinüber. Die Teerinsel war im 17. Jh. Lagerplatz fürs schwarze Gut. Hier serviert das hübsche Sommerrestaurant Savu (→ Essen und Trinken, S. 19) stilecht Speisen aus dem Rauch und mit Räucheraroma. Geht man vom Marktplatz aus am Ufer, Katajanokka streifend, nördlich nach Kruununhaka hinein, folgt die Spur den Jugendstilfassaden am Uferboulevard des Pohjoisranta, hält inne bei den traditionellen Holzbooten am Halkolaituri-Kai, um dann nach Tervasaari abzubiegen.

Und schließlich soll noch **Uunisaari** (╌╌> S. 120, B 15) erwähnt sein. Die zweigeteilte Drei-Hektar-Insel ist ein weiterer Favorit auf der Liste der Sauna- und Badefreuden. Nur kurze Distanz von der Küste entfernt bietet sie feinen Sandstrand und gute Serviceeinrichtungen. Schon im späten 19. Jh. fanden sich hier Kurgäste ein.

Mehrere nette **Inselrestaurants** besetzen das ein oder andere kleine Eiland – außer Tervasaari sind dies die dem Kaivopuisto vorgelagerten

Rote Häuschen, grüne Ufer, tiefblaues Wasser – die Insel- und Schärenwelt vor den Toren Helsinkis ist ein Ort der Abgeschiedenheit und Ruhe.

Inseln Sirpalesaari, Liuskasaari und Särkkä, in der Einfahrt zum Südhafen Valkosaari und Luoto.
Harakka: Fährboot im Sommer ab Kaivopuisto (Ehrenströmintie); **Seurasaari:** Bus 24 ab Erottaja bis Endhaltestelle; **Uunisaari:** im Sommer Fährboot ab Merisatamatori, im Winter Pontonbrücke

Sanomatalo (Nachrichtenhaus)
⌁⃗ S. 115, F 4
Das (für finnische Verhältnisse) Hochhaus mit neun Stockwerken und rundum laufenden Glasfassaden gehört dem finnischen Medienkonzern Sanoma News Oy, Herausgeber unter anderem von »Helsingin Sanomat«, Finnlands auflagenstärkster Tageszeitung – daher der Name »Nachrichtenhaus«. In dem Gebäude, gelegen zwischen Bahnhof und Kiasma-Museum, haben auch einige weitere Geschäfte, Design-Shops, Restaurant und Café ein Zuhause gefunden. Im lichtdurchfluteten Foyer, dem Mediatori, sind Wechselausstellungen zu entdecken, imposant vor einer Wand mit gläsernen Fahrstühlen.
Mannerheiminaukio 3; Tram 3 B/T, 6, 9: **Rautatieasema**

Sauna
Was gibt es Typischeres Finnisches als die Sauna mit dem Löyly, dem wasserdampfenden Aufguss? Darauf müssen auch Reisende nicht verzichten. Abgesehen davon, dass es kein Hotel ohne Sauna gibt (üblicherweise nach Damen und Herren getrennt, es sei denn, man hat eine Suite mit eigenem Schwitzbad), finden sich auch öffentliche Saunas fürs schweißtreibende Vergnügen: in den Schwimmbädern, auf den Badeinseln und gern im Stadtteil Kallio. **Kotiharju Sauna** (⌁⃗ S. 116, B 6), das letzte original holzbeheizte öffentliche Schwitzbad der Stadt, und **Sauna Arla** (⌁⃗ S. 116, B 6) sind solche Einrichtungen mit langer Tradition.

Hinter der Geschlechtertrennung in der Öffentlichkeit steht übrigens nicht Prüderie, sondern schlicht und einfach die Tradition und der Entspannungsgedanke – abschalten, zu sich selbst kommen, wohlfühlen geht doch unter seines- oder ihresgleichen am besten. Dafür sind den Finnen die in Deutschland oft gängigen Saunaregeln völlig fremd, eher Anlass zur Heiterkeit: Jede/r sauniert so, wie es

Das Sibelius-Denkmal – 24 Tonnen Stahl schwer – ziert die nach dem Komponisten benannte Park- und Gartenanlage am Rande der Stadt.

ihm/ihr gut tut, so lange, so heiß, so dampfend, mit oder ohne leichte Schläge mit dem Birkenbüschel, Vihta genannt, und hinterher mit Bad im See, Dusche, Wälzen im Schnee, Bier oder Wasser, Saunawurst – ganz nach Belieben.

Um die finnische Saunakultur kümmert sich seit 1937 die Saunagesellschaft Suomen Saunaseura Ry, die für ihre Mitglieder und Gäste ein eigenes Saunahaus auf Vaskiniemi betreibt. Hier wird auch die Tradition der Rauchsauna gepflegt.

Kotiharju Sauna, Harjutorinkatu 1; Sauna Arla, Kaarlenkatu 15; Tram 6: Vilhonvuori, Metro: Sörnäinen

Senaatintori (Senatsplatz)

⋯⋙ S. 116, B 8

Der Senatsplatz von Helsinki gilt ob seiner einheitlichen neoklassizistischen Bebauung als einer der schönsten Plätze Europas, ja darüber hinaus. Ihre Bedeutung erhält die Freifläche mit den sie in großzügigem Karree begrenzenden Gebäuden, weil sie das Zentrum des kirchlichen, des Verwaltungs- und Universitätslebens der Stadt repräsentiert. Noch zu Finnlands Zeiten als russisches Großfürstentum und kurz nach Helsinkis Deklaration zur neuen Hauptstadt Suomis begann der deutsche Architekt Carl Ludwig Engel 1816 im Auftrag des Zaren und unter der Bauverantwortung des Stadtplaners Johan Albrecht Ehrenströms damit, das Kernstück der jungen Metropole zu planen, und wirkte bis in die späten 1830er-Jahre daran. Engel, 1778 in Berlin geboren, führten seine Studien und Tätigkeit als Architekt nach Tallinn und St. Petersburg, von dort aus nach Finnland, wo er viele bedeutende Spuren setzte und sich allmählich den Status eines Haus- und Hofarchitekten des Großfürstentums erwirkte. Der Auftrag für den Senatsplatz war, ein kleines Pendant zum großen St. Peterburg zu schaffen. Diese Vorgabe realisierte Engel mit dem Ensemble repräsentativer, säulengesäumter Empirebauten in Weiß und hellen Gelbtönen aufs Vortrefflichste, nicht als einfache Kopie eines Vorbilds, sondern mit seiner ganz eigenen Handschrift.

Über dem Platz bestimmt die **Domkirche** (→ Tuomiokirkko, S. 63) das Bild, am Abschluss der breiten, hoch hinaufsteigenden Freitreppe. Im Sommer wird sie gerne als Treffpunkt und Aussichtsplatz genutzt. Der Blick fällt auf das blumengeschmückte Denkmal des damals Finnland freundlich gesonnenen Zaren **Alexander II.** in der Mitte des Senaatintori. Von der erhöhten Warte aus blickt man nach links auf das **Senatsgebäude**, das Regierungspalais (1822). Noch heute werden hier Sitzungs- und Arbeitszimmer von der Regierung genutzt, auch der Ministerpräsident ist zuweilen anzutreffen. Im Präsidentensaal werden traditionell neue Gesetze unterzeichnet. Gegenüber, rechter Hand, liegen das Hauptgebäude der **Universität** (1832) und, ihm benachbart, die **Universitätsbibliothek**. Die Alma mater ist mit ihren Säulen und Proportionen fast ein Ebenbild des Palais vis-à-vis. Lohnend ist ein Blick in die Universitätsbibliothek Yliopiston kirjasto, eines der vor allem wegen der Innenausstattung schönsten Werke Engels aus dem Jahr 1844. Sehenswert sind etwa die üppigen farbenreichen Deckengemälde. Eine Reihe repräsentativer **Bürgerhäuser** begrenzt den Platz nach Süden, unter ihnen das Sederholmhaus, das älteste Steinhaus Helsinkis (1757), heute Teil des Stadtmuseums (→ Museen, S. 73). Von touristischem Interesse sind in dieser Reihe auch das Café Engel (→ Essen und Trinken, S. 21) und das Kiseleff-Haus mit seinen kunsthandwerklichen Ständen und Läden (→ MERIAN-Tipp, S. 25).

Hinter dem Dom lohnt sich der Blick in die Kirkkokatu und in den Stadtteil Kruununhaka hinein, nicht nur wegen der Krypta des Doms. Besonders die Hauptverwaltung der Bank von Finnland und das **Ständehaus** machen mit ihren Fassaden Eindruck und erzählen finnische Geschichte (Kirkkokatu/Ecke Snellmaninkatu). Ebenfalls hinter dem Dom,

an der Unioninkatu 31, findet sich die kleine orthodoxe Schwester der großen Uspenski-Kathedrale: die **Kirche der Heiligen Dreieinigkeit**. Wieder ein Werk Engels (1827), ist sie das erste orthodoxe Gotteshaus der Stadt, wirkt eher schlicht – und ist leider nicht zu besichtigen, außer zu den Gottesdiensten meist samstags um 18 und sonntags um 10 Uhr, die im traditionellen Kirchenslawisch abgehalten werden.

Wer noch neugierig und architekturbegeistert ist, schließt den Blick nach Kruununhaka hinein mit dem Besuch des **Ritarihuone**, des **Ritterhauses**, ab, in der kleinen Grünanlage zwischen den Straßen Ritari- und Mariankatu befindlich. Es wurde 1862 von G. T. Chiewitz im neugotischen Stil errichtet. Leider ist es außer zu Veranstaltungen wie den viel gerühmten Kammerkonzerten im Festsaal mit den Wappen aller finnischen Adelsgeschlechter nicht öffentlich zugänglich.

Tram 1, 3T, 4, 7: Senaatintori; Bibliothek: Unioninkatu 36; Mo–Fr 9–20, im Sommer bis 18, Sa 10–16 Uhr; Eintritt frei

Sibeliuksen puisto (Sibeliuspark)

·····⟩ S. 115, D 3

Wer an klassische finnische Kompositionen denkt, dem wird als Erstes Jean Sibelius in den Sinn kommen, dem werden Werke wie die »Finlandia« oder »Valse triste« im Ohr klingen. Kein Wunder, dass die renommierte Musikhochschule seit 1939 den Namen Sibelius-Akademie führt, war doch der Meister selbst in den 1880er-Jahren Schüler, später Lehrer für Komposition hier gewesen. Kein Wunder auch, dass ein grünes Areal im Nordwesten der Innenstadt an der Mechelininkatu seinen Namen trägt, der Sibeliuspark, zu seinem 80. Geburtstag 1945 so benannt.

Mittendrin steht sein Denkmal, eine Kreation, die versucht, musikalischen Ausdruck ins Bildliche zu fassen, in Hunderte von Stahlröhren mit

unterschiedlichen Oberflächen als Symbol für puren Klang inmitten inspirierender Natur. Erst nach Kontroversen über das Ausmaß der Abstraktion fügte die Bildhauerin Eila Hiltunen in gleichem Material und geringem Abstand eine kleine Skulptur des Kopfes von Sibelius hinzu. Trotzdem: Die Besucher scheinen sich am liebsten vor den aufstrebenden Röhren auf dem kleinen Felsplateau im Grün ablichten zu lassen.
Mechelininkatu; Bus 24

Suomen Kansallisooppera (Finnische Nationaloper) ⸺⸱⸱⸱> S. 115, E/F 3

Das moderne Opernhaus gehört zu den Kulturbauten an der Töölöbucht, eine klare, harmonische Komposition aus Glas und weißen Keramikflächen. 1993 sah die Bühne ihre erste Aufführung, nachdem das Opernensemble vom Alexandertheater ins neue Zuhause umgezogen war. Dieser Vorläufer am Bulevardi 23–27 erinnert auch im Baustil an russische Zeiten; 1879 entstand das in Altrosa gehaltene Haus auf Betreiben des russischen Generalgouverneurs. Verwaist ist das **Alexandertheater** auch heute nicht – die Bühne erwacht bei Gastspielen und dem alljährlichen Kindertheaterfest zum Leben.

Im Opernhaus sind sowohl Nationaloper als auch **Nationalballett** gleichermaßen beheimatet. Etwa 300 000 Besucher zählt die Oper im Schnitt jährlich. Sicher auch eine Folge des Konzepts, Hochkultur nahbar und erschwinglich zu halten – denn die preiswertesten Plätze kosten kaum mehr als eine Kinokarte. Die Saison geht von August bis Juni. Führungen (auf Finnisch, andere Sprachen auf Voranmeldung möglich) öffnen den spannenden Blick hinter die Kulissen. Entspannung verspricht das Café Opera mit Terrasse und herrlichem Blick auf die Bucht.
Helsinginkatu 58; Tram 3T, 4, 7, 8, 10: Ooppera; www.operafin.fi; Führung Mi 14.30 Uhr; Eintritt 8 €, Kinder 5 €

Suomen Kansallisteatteri (Finnisches Nationaltheater) ⸺⸱⸱⸱> S. 116, A 8

Am östlichen Ende des Bahnhofsplatzes mutet das Staatstheater im nationalromantischen Stil aus grauem Granit mit roter Bedachung wie eine kleine Burg an. Onni Tarjanne hat den Bau, der im Innern vier Bühnen beherbergt, entworfen. Sehenswert ist auch das Interieur: der Hauptbühnensaal mit stuckverzierten Emporen und Präsidentenloge, das Foyer mit Fresken und Deckengemälden. Das erste finnischsprachige Theater überhaupt (vorher war schwedisch die bevorzugte Bühnensprache) wurde 1872 gegründet und zog 1902 hier ein. Trotz der Bezeichnung als Nationaltheater gehört es nicht dem finnischen Staat, sondern wird von einer privaten Stiftung verwaltet. Zur Aufführung kommen Weltklassiker, aber auch Avantgarde. Wert gelegt wird auf Nachwuchsförderung – bei den Autoren wie beim Publikum, denn regelmäßig gibt es Programme für Kinder und Jugendliche. Der erste bedeutende finnischsprachige Bühnenautor war Alexis Kivi, der in Bronze auf hohem Sockel vor dem Gebäude Platz genommen hat
Läntinen teatterikuja 1; Tram 3 B/T, 6, 9: Rautatieasema; www.kansallisteatteri.fi

Temppeliaukion kirkko (Felsenkirche) ⸺⸱⸱⸱> S. 115, E 4

Ein einzigartiger spiritueller Ort ist die Felsenkirche im Stadtteil Töölö. Der nüchterne Betoneingang lässt nicht vermuten, welches Juwel sich dahinter verbirgt – fast mutet es an, als verberge sich die geheiligte Stätte vor der Außenwelt. Der runde Kirchenraum wurde in den Fels hinein gesprengt, der grob behauene Granit bildet die Wände, überspannt von einer Kuppel aus Betonstreben, mit wellenförmig umlaufenden Fenstern, die in der Größe variieren, und einem innen matt rötlich, außen grünlich schimmerndem Dach aus Kupfer, spiralig geformt. In Eingangsbereich,

Empore und Altar wiederholen sich vielfach die Materialien Kupfer, Holz und schlichter Beton. So ist der Raum dem Spiel des Tageslichts sowie der Ausleuchtung durch Lampen und Kerzen in immer neuer Veränderung preisgegeben. Stunden kann man in dieser Atmosphäre verbringen, sich einfangen lassen. Zur Faszination gerät das Kirchenrund anlässlich von Konzerten, wenn Orchester, Gesänge oder auch die Orgel erklingen. Im Sommer spielen einzelne Interpreten immer mal wieder über Tag für sich und die Besucher bei freiem Eintritt und lassen die Möglichkeiten erahnen. 1969 wurde das einzigartige Gotteshaus fertiggestellt nach Plänen der bis dato eher unbekannten Brüder Timo und Tuomo Suomalainen.

Lutherinkatu 3; Tram 3T: Sammonkatu; Mo, Di, Do und Fr 10–20, Mi 10–18.45, Sa 10–18, So 11.45–13.45 und 15.30–18, im Winter analog außer Mo und Di bis 17, Mi bis 18 Uhr

Tropicario 👥 ⇢ S. 116, B 5

Im Reptilienhaus wollen Schildkröten, Giftspinnen, Skorpione, Alligatoren, Leguane, Eidechsen, Schlangen und anderes Schuppengetier entdeckt und bestaunt werden. Wie gut, dass die artgerechten, geräumigen Terrarien im größten tropischen Zoo der nordischen Länder ein sicheres Auge in Auge mit den würgenden, beißenden und giftigen Zeitgenossen erlauben. Im Jahr 2008 wurde Tropicario zu Helsinkis Familienevent des Jahres gewählt.

Sturenkatu 27; Tram 1: Roineentie, 7: Hattulantie; www.tropicario.com; tgl. 10–19 Uhr; Eintritt 11 €, Kinder 4–14 Jahre 7 €, mit Helsinki Card 9/5 €

Tuomiokirkko (Domkirche)
⇢ S. 116, B 8

Oft zieren Senatsplatz und die hoch darüber thronende, weiß strahlende Domkirche Prospekte und Broschüren über Finnlands Hauptstadt. Das bekannteste und wahrscheinlich meistfotografierte Wahrzeichen Helsinkis stammt von einem deutschen Architekten, Carl Ludwig Engel. Er gestaltete den Senatsplatz als Gesamtensemble – mit dem Entwurf begann er 1816. Die Fertigstellung des Doms aber erlebte der grandiose Bauplaner nicht mehr: Er verstarb 1940, und erst

Ein Ort elementarer Gefühle: Die Felsenkirche, in den Granit hineingesprengt, beeindruckt durch das faszinierende Spiel aus Licht und Schatten.

1952 vollendete Engels Nachfolger Ernst Lohrmann den lutherischen Gottestempel, mit einigen Veränderungen gegenüber Engels ursprünglicher Vorgabe, notwendig auch aus statischen Gründen. Die große Freitreppe bewältigt neun Höhenmeter bis hinauf zur mit Säulen und goldverzierten grünen Kuppeln markant in Szene gesetzten Kathedrale. Die zwölf Apostel wachen als Figuren auf den Dächern, ein Wunsch des Auftraggebers, des Zaren Nikolaus I. Ihm zu Ehren und vor allem nach dem Heiligen Nikolaus, Schutzpatron für Handel und Seefahrt, hieß der Dom ursprünglich Nikolaikirche. Die Domrechte wurden 1959 verliehen. Im Gegensatz zum imposanten Äußeren ist der Innenraum sehr schlicht gehalten; Kanzel, Altar und Altargemälde sowie Kronleuchter sind der einzige Schmuck, sieht man von den Statuen der Reformatoren ab: Luther, Melanchthon und der Finne Agricola. Von Juni bis August können sich Besucher mittwochs und freitags um 12 Uhr am Orgelspiel erfreuen. Auf der rückwärtigen Seite des Doms geht es hinab zur Krypta (Eingang Kirkkokatu 18), weiterer Raum für Konzerte und Veranstaltungen und für das Café Krypta. Auch der westliche Glockenturm ist zu bestimmten Anlässen mit Ausstellungen geöffnet. **Unioninkatu 29; Tram 1, 3T, 4, 7: Senaatintori; Juni–Aug. tgl. 9–23, sonst 9–18 Uhr, Café Krypta im Sommer tgl. 11–17 Uhr**

Töölönlahti (Töölö-Bucht)

⤑ S. 115, F 2/3–S. 116, A 7

Grün und Wasser mitten im Herzen der Stadt – das bieten die Töölö-Bucht und ihre kleinere Nachbarin **Eläintarhanlahti (Tiergartenbucht)** mit Springbrunnen, Kulturbauten, Spazierwegen, Bootsanlegern und Ausflugsterrassen. Sie wirken wie Binnengewässer und sind doch ein Ausläufer der Ostsee, der sich unter der Siltasaari-Brücke ins Herz der Stadt zweigt. Zu Fuß oder mit dem Fahrrad die Bucht zu umrunden ist ein

Nah am Wasser gebaut: Überall bahnt sich das Meer seinen Weg in die Stadt, wie hier in der Töölö-Bucht, prominent im Herzen Helsinkis gelegen.

Vergnügen, zeigt doch die Stadt auf diesem Weg ganz verschiedene Gesichter, alle durchs stets präsente Wasser miteinander verbunden. Auf der Westseite von Töölönlahti liegen Finlandiahalle (→ Sehenswertes, S. 48) und Nationaloper. Zwischen ihnen erstrecken sich die Parks **Hakasalmen puisto** und **Hesperian puisto** mit satten Wiesen, Schatten spendenden Bäumen und schilfgesäumten Ufern. Hier tummeln sich Jogger und Inlineskater ebenso wie Spaziergänger; hier vertiefen sich Spieler ins Riesen-Schach, es wird gelesen und gelacht.

Vorbei geht die Runde am anspruchsvollen Restaurant Töölönranta und biegt um die Nordspitze der Bucht, den Wintergarten im Rücken. Gönnen Sie sich eine Eiswaffel an einer der Buden, wie es die Einheimischen gern tun, und passieren Sie dann am leicht ansteigenden Ostufer einige schöne, alte **Holzvillen**. Jetzt muss man sich entscheiden, ob man weiter dem Verlauf der Töölöbucht folgt oder aber nach Osten Richtung Kallio zur Tiergartenbucht abbiegt. Ein paar Schritte weiter zur Pause im sommerlichen **Kiosk-Café** Sininen Huvilan kahvila an der Linnunlauluntie sollten Sie aber unbedingt gehen. Der Platz ist einfach, der Blick von erhöhter Warte über Töölönlahti einer der schönsten auf dem Weg.

Läuft man weiter geradeaus, stößt man auf die Baumaßnahmen an Finlandiapark und Musikhaus und kommt dann weiter zum Bahnhof. Nutzt man dagegen die Abzweigung zur Bucht Eläintarhanlahti, über eine Fußgängerbrücke die Gleisanlagen querend, passiert der weitere Weg das **Stadttheater** und gelangt ans Tokoinranta. Boote schaukeln am Anleger, pittoresk anzuschauen vor den Jugendstilfassaden von Siltasaari. Spaziergänger mit guter Kondition können über die Brücke Pitkäsilta den Kaisaniemipark und den Botanischen Garten (→ Sehenswertes, S. 54) erreichen – oder man biegt am Ost-

ende der Bucht, das markante Rundhaus vor Augen, zum Marktplatz von Hakaniemi ab.

Finlandia talo: Tram 4, 7, 10: Kansallismuseo; Hakaniemi: Metro, Tram 1, 3B, 6, 7, 9

Uspenskin katedraali (Uspenski-Kathedrale)
····≫ S. 120, B 13

Die orthodoxe Kirche ist neben der evangelisch-lutherischen seit 1918 die zweite Staatskirche Finnlands – und Uspenski, die Kathedrale der Himmelfahrt Marias, gilt als das größte orthodoxe Gotteshaus außerhalb Russlands. Entsprechend eindrucksvoll zeigt sich der dunkelrote Backsteinbau aus dem Jahr 1868, den Alexej Gornostajew im altrussisch-byzantinischen Stil im Stadtteil Katajanokka errichtete, mit 13 vergoldeten Kuppeln erhöht auf felsigem Grund. Sind die lutherischen Kirchen meist im Inneren eher schlicht gehalten, imponiert Uspenski mit Reichtum und Glanz. Mächtige Granitsäulen, viel Vergoldung, eine prachtvolle Ikonostase und gedämpftes Licht sorgen für eine feierliche Stimmung. Eine der kostbaren Ikonen gilt gar als wundertätig. Sehr eindrucksvoll ist ein Gottesdienst in dieser würdigen Atmosphäre – ebenso wie der Blick vom Kirchhügel hinüber zum Nordufer (Pohjoisranta) mit stattlichen Bürgerhäusern und geschäftigem Südhafen. Seit 1923 hat die finnisch-orthodoxe Kirche einen autonomen Status unter dem Patriarchen von Konstantinopel. Rund 15 000 Gläubige in Helsinki fühlen sich der Kirche zugehörig.

Kanavakatu 1; Tram 4: Katajanokan puisto; 1. Mai–30. Sept. Mo–Fr 9.30–16, Di bis 18, Sa 9.30–14, So 12–15, 1. Okt.–30. April Di–Fr 9.30–16, Sa 9.30–14, So 12–15 Uhr

Vanha Kirkko (Alte Kirche)
····≫ S. 119, F 9

Die Alte Kirche setzt den Spaziergang auf Engels Spuren fort – von ihm stammt nicht nur der Dom, sondern eben auch dieses Gotteshaus, einer

Klassiker mit Kurven: Die berühmte Vase wurde 1936 von Alvar Aalto entworfen.

der wenigen erhaltenen Holzbauten, 1826 errichtet. Der umgebende kleine Park reicht an die Flaniermeile Bulevardi heran. Er war einst Friedhof und hieß im Volksmund Pest-Park, fanden doch hier während des Großen Nordischen Krieges Anfang des 18. Jh. mehr als 1000 Pestopfer ein Massengrab. Heute erinnern im friedlichen Park Gedenksteine und Grabmäler an finnische und auch deutsche Soldaten, gefallen im Bürgerkrieg 1918/19. Die Kanzel ist das historisch bedeutendste Stück im Inneren des Gotteshauses, sie ist noch Relikt der Ulrika-Eleonora-Kirche, die vor dem Bau des Doms auf dem Senatsplatz stand. Dienstags um 12 Uhr werden Orgelrezitationen aufgeführt. Die gute Akustik und die schöne Atmosphäre sind die richtigen Bedingungen für gelegentliche Kirchenkonzerte.
Lönnrotinkatu 6; Tram 3B, 6, 9: Erottaja; Mo–Fr 12–15 Uhr

Vanha Ylioppilastalo (Altes Studentenhaus)   ⤑ S. 120, A 13

Das Alte Studentenhaus, liebevoll Vanha genannt, gehörte von Beginn an der Studentenunion Helsinkis, die sich 1858 gründete. Es wurde 1870 mit einem Festbankett eröffnet, wie es die Studentenschaft bis dahin noch nicht gesehen hatte. Nach dem offiziellen Teil mit Musik von Haydn und Mendelssohn, mit (zu damals russischer Zeit) vorsichtig patriotischen Reden, mit Gedichten der national bedeutenden Geister Topelius und Lönnrot und dem Absingen der späteren Nationalhymne »Maamme« (»Unser Land«) ging es zum gemütlichen Teil über. So gemütlich und feucht-fröhlich, dass die Studenten über vier Semester hinweg die Rechnung abstottern mussten.

Axel Hampus-Dahlström entwarf das Neorenaissancegebäude. Namhafte Künstler, die sich für Emanzipation und nationale Identität der Finnen einsetzten, trugen mit ihren Werken für das Gebäude dazu bei, diesen Ideen ein Gesicht zu verleihen. Dazu gehören etwa der Bildhauer Walter Runeberg und der Maler R. W. Ekman – und Akseli Gallen-Kallela, der große Maler des Goldenen Zeitalters, mit einem Fresko zu Szenen aus dem Nationalepos »Kalevala«. Die Innenräume mit vergoldetem Prunk sind gern genutzter Veranstaltungsort (zum Beispiel für den alljährlich erlebenswerten Weihnachtsbasar) – und nicht zuletzt ist das Studentenhaus beliebte Restaurant- und Partyzone.
Mannerheimintie 3; Tram 7: Ylioppilastalo

Villa Aalto und Studio Aalto
⤑ S. 114, nordwestl. A 1

Wer in der Finlandiahalle auf den Geschmack gekommen ist und weiter auf Alvar Aaltos Spuren wandeln möchte, wird im Stadtteil **Munkkiniemi** fündig. In der Riihitie ist die Villa Aalto (1936), das Wohnhaus der Familie, zu besichtigen. Der weiß gestrichene Backsteinbau mit großer

Südterrasse beherbergte Wohn- und Arbeitsräume. Hier kommt der Funktionalismus weniger puristisch, eher gemäßigt, fast romantisch geprägt daher. An der Gestaltung wirkte Aaltos Frau Aino, ebenfalls anerkannte Designerin und Innenarchitektin, mit. Der gesamte Block Riihitie 12-15 ist übrigens von Aalto gestaltet.

Ebenfalls in Munkkiniemi wartet das Studio Aalto auf Besucher. Aalto konzipierte das Haus als sein Planungsbüro (1955). Herzstück ist das Studio in geschwungener Linienführung, das sich mit seiner Fensterfront dem wie ein Amphitheater gestalteten Innenhof öffnet, dem damaligen Meetingpoint für Präsentationen und mehr. Bis zu seinem Tod 1976 war Aalto in seinem Büro aktiv und anzutreffen. Heute sind beide Gebäude im Besitz der Alvar Aalto-Gesellschaft.

Villa Aalto: Riihitie 20; Tram 4: Laajalahden aukio; Aug. tgl. 13–18, 1. Mai–30. Sept. Di–So 13–18, 1. Okt.–30. April Di–So 13–17 Uhr; Eintritt mit Führung 17 €, Kinder 7 €;
Studio Aalto: Tiilimäki 20; Tram 4: Tiilimäki; Di–So (Aug. auch Mo) 11.30 Uhr (Führung); Eintritt 17 €, Kinder 7 €

Yrjönkadun Uimahalli (Yrjönkadun Hallenbad) ⤑ S. 119, F 9

Auch eine Schwimmhalle kann zu den Sehenswürdigkeiten gehören – wenn sie sich so präsentiert wie diese, der die Lage in der Straße Yrjönkatu den Namen gibt. Äußerlich zwar reich dekoriert, aber wenig auffällig und etwas eingezwängt zwischen den Nachbarhäusern, entfaltet sie ihre Pracht im Inneren. 1929 entstand der Bau mit Galerie, hohen Rundbögen und dem Flair römischer Badetempel, 1952 war er olympische Wettkampfstätte. Ab 1997 ließ die Stadt Helsinki das Bad renovieren, das 1999 in neuem Glanz eröffnete. Das Besondere, neben Schwimmen in beheizten Pools, Sauna, Dampfbad und Wellness: Hier gibt es Nacktbadetage, natürlich auch diese wieder nach Geschlechtern getrennt. Das älteste Hallenbad Nordeuropas, mehrere Jahrzehnte lang auch das einzige öffentliche Schwimmbad im Land, war bereits Kulisse in einigen Filmen, unter anderem in »Gorki Park«.

Yrjönkatu 21 B; Tram 3T: Simonkatu; Okt.–April Di–Sa 6.30–21, So–Mo 12–21 Uhr, Wellness-Etage Di–So 14–21 Uhr

Das Studio Aalto ziert eine Büste des berühmten finnischen Architekten und Designers, der zum Vorbild für moderne Gestaltung und Architekturkonzeption wurde.

Museen und Galerien

Von Nationalromantik bis Avantgarde, von Design bis Briefmarken reicht die Vielfalt Helsinkier Museen.

Weitläufig und facettenreich ist die Helsinkier Museenlandschaft. Einer der bekanntes- ten Musentempel der Hauptstadt ist Kiasma (→ S. 76), das die neuesten Trends der bildenden Künste in seiner außergewöhnlichen Architektur gekonnt in Szene setzt.

Helsinki zeigt eine eindrucksvolle Museenvielfalt. Neben der gleichzeitig mahnend und stolz präsentierten (Vor-)Geschichte der jungen Unabhängigkeit liegt der Schwerpunkt erkennbar am ehesten bei bildender und anderer schöner Kunst und Design. Wen wundert es – ist doch finnisches Design aufgrund seiner Klarheit, seines Purismus, seiner hohen Qualität inzwischen weltbekannt und geschätzt und eines der Exportgüter des Landes. Helsinki ist sicher die wichtigste und lebendigste Kulturschmiede Suomis. Dabei schafft die Metropole in ihren Ausstellungsräumen immer eine gelungenes Gleichgewicht zwischen Tradition und Moderne, bricht gleichzeitig, wie Avantgarde es muss, mit Wurzeln, ohne sie zu missachten oder zu vergessen, lebt Integration.

Viele Museen halten ihre Tore ganzjährig offen – wo nicht, lassen sich zwei gegenläufige Tendenzen erkennen: Öffnungszeiten im Sommer werden der Hauptreisezeit und dem Interesse ankommender Touristen und Besucher gerecht; Öffnungszeiten gerade außerhalb der Sommersaison belegen, dass viele Helsinkier in den Ferien die Stadt verlassen – nicht, um ihr zu entgehen, sondern um aufs Land ins eigene Sommerhäuschen, Mökki, meist am See zu fahren. An **Mittsommer** allerdings haben fast alle Museen einhellig geschlossen.

Die Eintrittspreise sind sehr unterschiedlich, je nach Aufwand, Finanzierungsmöglichkeiten und Subventionen für die Museen, die zum Teil auch privat geführt werden. Der freie Eintritt in alle Abteilungen des Stadtmuseums ist dabei ein besonderer Höhepunkt. Doch auch bei höheren Preisen kommt es Helsinki auf Kinderfreundlichkeit an; für Kinder und Jugendliche nicht selten sogar bis 17 Jahre ist der Zugang oft frei. Immer wieder ist das Bestreben in Finnland zu spüren, allen Menschen un-geachtet ihrer finanziellen Situation und gerade auch der Jugend den Zugang zu jeder Form von Kultur offen zu halten, möglich zu machen, und das Konzept scheint aufzugehen. Zu einer kulturell so lebendigen Stadt wie Helsinki passt auch ihre Vielfalt an (Kunst-)Galerien, ebenfalls in der Bandbreite von Tradition bis Avantgarde, mit in der Regel freiem Eintritt. Es gibt viel zu entdecken!

Unbedingt überlegenswert ist die Nutzung der **Helsinki Card**. Sie erlaubt für einen, zwei oder drei zusammenhängende Tage freien Zutritt zu über 50 Sehenswürdigkeiten und Museen. Außerdem sind mit der Karte im Geltungszeitraum unbegrenzte Fahrten im gesamten Streckennetz des öffentlichen Nahverkehrs kostenlos – dazu gehören nicht nur Bus, Straßenbahn und Metro, sondern auch öffentliche Fähre sowie der Wasserbus nach Suomenlinna und Korkeasaari. So macht sich bei guter Planung die Helsinki Card schnell bezahlt, zumal weitere Vergünstigungen etwa in ausgewählten Restaurants winken. Zur Karte gibt es ein umfangreiches und informatives Booklet. Ausgegeben wird sie unter anderem bei HelsinkiExpert in der Tourismuszentrale (→ Auskunft, S. 107) und in den meisten Hotels. Info: www.helsinkicard.com; Kosten für 24 Std. 33 €, 48 Std. 45 €, 72 Std. 55 €, Kinder 7–16 Jahre 13 €/16 €/19 €

MUSEEN

Amos Andersonin taidemuseo (Amos Anderson Kunstmuseum)

·····⟩ S. 119, F 9

Der ehemalige Zeitungsbaron und Mäzen Amos Anderson sammelte mit großem Kunstsinn vor allem moderne finnische Kunst des 20. Jh. Die Ausstellungen fordern bisweilen durchaus zur Kontroverse heraus, sind aber stets spannend und hochkarätig. In den großzügigen Räumlichkeiten sind immer wieder auch renommierte ausländische Künstler wie etwa

Keith Haring zu Gast. Neben den wechselnden Ausstellungen sind Sammlung und Interieurs aus Andersons Wohnung zu sehen.

Yrjönkatu 27; Tram 3T: Simonkatu, Bus 13; www.amosanderson.fi; Mo, Do, Fr 10–18, Mi 10–20, Sa–So 11–17 Uhr; Eintritt 7 €, Kinder frei, mit Helsinki Card frei

Ateneumin taidemuseo (Nationalgalerie Ateneum)   ···⫶> S. 116, A 8

Ein wahrer Kunstpalast ist die finnische Nationalgalerie Ateneum in Bahnhofsnähe, untergebracht in einem eindrucksvollen Neorenaissancebau, der im 1880er-Jahren nach Plänen C. T. Höijers verwirklicht wurde, ältester und wichtigster Fundus des Landes für Malerei, Grafik und Skulptur. Der Schwerpunkt liegt auf inländischen Werken von Anfang des 18. bis Mitte des 20. Jh. Vor allem die Meister des Goldenen Zeitalters, der Zeit des nationalen Aufbruchs um 1890/1900, lassen sich in Ruhe und mit Raum kennenlernen, von Akseli Gallen-Kallela bis Pekka Halonen, von Albert Edelfelt bis Helene Schjerfbeck, der bekanntesten Frau in der damaligen Künstlergemeinschaft. Europäische Kunst vom 19. Jh. bis in die 1950er-Jahre ergänzt die über mehrere Stockwerke ausgedehnten Ausstellungen. Das Ateneum verfügt außerdem über geschichtliche Abteilungen und eine ethnografische Sektion. Der angeschlossene Shop glänzt mit Ausstellungskatalogen und wertvollen Kunstbänden, das Café-Bistro bietet Snacks und nette Sitzplätze im Hof.

Kaivokatu 2; Tram 3B/T, 6, 9: Rautatieasema; www.ateneum.fi; Di, Fr 10–18, Mi, Do 10–20, Sa, So 11–17 Uhr; Eintritt 8 €, Kinder frei, mit Helsinki Card frei

Cygnaeuksen galleria (Cygnaeus Galerie)   ···⫶> S. 120, B 14

Am Rande des Kaivopuisto und des Botschaftsviertels liegt Helsinkis und Finnlands ältestes Kunstmuseum. Die türmchengeschmückte Holzvilla von 1870 ist ein Geschenk des einflussreichen Universitätsprofessors und Sammlers Fredrik Cygnaeus an das finnische Volk. Die Sammlung besteht bereits seit 1882, der Schwerpunkt liegt auf finnischer Kunst des 19. Jh. Sonderausstellungen und Konzerte beleben das herrschaftliche Haus im romantischen kleinen Park. Architekt war übrigens ein Deutscher, J. W. Mieritz.

Kalliolinnantie 8; Tram 3B: Kaivopuisto; www.nba.fi; Mi 11–19, Do–So 11–16 Uhr; Eintritt 4 €, Kinder unter 18 frei, mit Helsinki Card frei

Design museo (Designmuseum)
···⫶> S. 120, A 13

Die Entwicklung von finnischem Industriedesign und Kunstgewerbe wird im Designmuseum, gut gelegen im DesignDistrict, nachgezeichnet. Designklassiker von den 1850er-Jahren bis heute sind dokumentiert, bis hin zu Glas, Keramik und Mode. Gegründet 1873, residiert es seit 1978 in einem alten Schulhaus (G. Nyström). Immer wieder finden interessante Spezialausstellungen, etwa zu Schutzhelmen und Kopfbedeckungen, statt. Schwerpunkt ist auch hier Finnland, der Blick geht jedoch auch über den Tellerrand hinaus. Luomus heißt das nette Museumscafé.

Korkeavuorenkatu 23; Tram 10: Johanneksen kirkko; www.designmuseum.fi; Juni–Aug. tgl. 11–18, sonst Di 11–20, Mi–So 11–18 Uhr; Eintritt 8 €, Kinder frei, mit Helsinki Card frei

Didrichsen Taidemuseo (Kunstmuseum Didrichsen)
···⫶> S. 114, westl. A 2

Viljo Revell, der durch das Konzept des Lasipalatsi zu erstem Ruhm gelangte, entwarf auch dieses Gebäude im Jahr 1959. Revell arbeitete als Assistent Alvar Aaltos und war von dessen Haltung geprägt; Revell selbst bezeichnete sein Wirken als von humanistischem Modernismus getragen. Die Sammlung im Innern des

Kunstmuseums verdankt sich dem privaten Mäzenatentum von Gunnar und Marie-Louise Didrichsen, sie besteht in finnischer, aber auch internationaler Kunst vornehmlich des 20. Jh. Die Auswahl ist vom Feinsten: Edelfelt, Hiltunen, Pullinen, Schjerfbeck, Cawén sind ebenso vertreten wie Picasso, Kandinsky, Miró, Léger, Moore, Giacometti und Hans Arp. Daneben wartet eine orientalische Kollektion mit im Wesentlichen chinesischen Kostbarkeiten aus verschiedenen Dynastien. Ein Tipp für Kunstliebhaber!

Kuusilahdenkuja 1; Bus 194, 195; www.didrichsenmuseum.fi; Di–So 11–18, Mi bis 20 Uhr; Eintritt 8 €, Kinder 2 € (über 75 und unter 7 Jahre frei)

Gallen Kallela-museo (Gallen-Kallela-Museum) ⤑ S. 114, nordwestl. A 1

Schon mehrfach wurde der Maler des Goldenen Zeitalters Akseli Gallen-Kallela, der wie kein anderer das Nationalepos »Kalevala« in Bildersprache transportierte, erwähnt – sei es beim Ateneum, dem Alten Studentenhaus oder dem Nationalmuseum. Gallen-Kallela (1865–1931) ist mit Sicherheit einer der bekanntesten Kunstschaffenden Finnlands – und war das auch schon zu Lebzeiten. Sein Wohn- und Atelierhaus liegt nicht in Helsinki, sondern kurz jenseits der Grenze zur Nachbarstadt Espoo. 1911 bis 1913 wurde die eigenwillige Villa in schönstem Jugendstil mit Zinnen und Turm nach seinen eigenen Entwürfen erbaut. Auch die Inneneinrichtung trägt die Handschrift des Meisters. Wie vielseitig der Künstler interessiert und begabt war, zeigen die ausgewählten Exponate, eine kreative Gesamtheit aus Gemälden, Zinnen, Ex libris, Drucken und Druckstöcken. Hinzu kommen persönliche Besitztümer, die er von seinen Reisen etwa nach Afrika mitbrachte. Der extrovertierte und lebensfrohe Gallen-Kallela hatte einen großen Freundes- und Bekanntenkreis, mit dem er gern nicht nur disputierte, sondern auch trank und feierte. Neben finnischen KünstlerkollegInnen zählten auch der norwegische Maler Edvard Munch, die Schriftsteller Strindberg und Gorki sowie der deutsche Tonsetzer Gustav Mahler dazu. Schmale Wege führen durch den kleinen Park und zum

Formsachen: 1873 als Studiensammlung für die Kunst- und Handwerksschule gegründet, dokumentiert das Designmuseum die Entwicklung finnischen Designs.

*Genug vom Kunstgenuss? Die kleine Holzvilla im Park des Gallen-Kallela-Museums
dient als Museumscafé und verwöhnt seine Gäste mit Kuchen und kleinen Gerichten.*

Caféhaus in einer Holzvilla mit Terrasse und Blumengarten.
Gallen kallelantie 27, Tarvaspää, Espoo;
Tram 4: Laajalahden aukio und 2 km
Fußweg, Bus 206, 212, 512; www.gallen-
kallela.fi; 15. Mai–31. Aug. tgl. 10–18,
sonst Di–Do und Sa 11–16, Fr 11–18,
So 11–17 Uhr; Eintritt 8 €, Kinder frei,
mit Helsinki Card frei

Helsingin automuseo (Automuseum Helsinki)   ⤳ S. 119, F 10
Hemdsärmelig geht es in Helsinkis
kleinem privaten Automuseum zu:
ein liebenswürdiges, etwas chaotisches Sammelsurium von historischen Automobilen und Kuriositäten,
von Miniaturmodellen und einigen
Wachsfiguren bedeutender Finnen.
Munkkisaarenkatu12; Bus 16;
Do–So 12–15 Uhr; Eintritt 5,50 €,
Kinder 2 €, mit Helsinki Card frei

Helsingin kaupunginmuseo (Stadtmuseum Helsinki)
Zum Stadtmuseum Helsinki zählen
zehn thematisch ganz unterschiedliche Standorte in der Stadt. Stadtleben und Stadtgeschichte sollen den
Helsinkiern wie ihren Besuchern ganz
einfach und unkompliziert nahe kommen – ohne Eintritt lassen sich deshalb die Stadtwelten erkunden.
www.helsinkicitymuseum.fi; Eintritt frei

Zentralstelle   ⤳ S. 120, B 13
Im Hauptsitz des Stadtmuseums wartet die Ausstellung »Am Horizont Helsinki«. Diese ist informativ und ansprechend gestaltet, gibt eine Übersicht über Stadtentwicklung und
-geschichte, lässt ihre Bewohner zu
Wort kommen in Text und Bild. Das
angeschlossene Kino Engel hat rund
100 historische Filme zu Helsinki im
Repertoire, die täglich nonstop gezeigt werden, beispielsweise auch
zum Leben und Schaffen Alvar Aaltos.
Die meisten Filme laufen auf Finnisch,
aber Bilder sprechen bekanntlich
eine internationale Sprache, und außerdem gibt es im Sommer samstags
nachmittags auch eine englischsprachige Version zu sehen. Lohnend ist
auch ein Besuch im Museumsshop,
der gute Bücher, Postkarten und historisch angehauchte Souvenirs führt.
Sofiankatu 4, Tram 1, 3T, 4, 7:
Senaatintori; tgl. 9–17 Uhr;
Kinokarte 4 €, Kinder 2 €, Do frei

Sofiankadun katumuseo
(Straßenmuseum) ┄┄→ S. 120, B 13

Das Straßenmuseum beginnt direkt vor der Haustür des Stadtmuseums. In der engen Straße Sofiankatu sind einige historische Exponate aufgebaut: eine alte Gaslaterne, ein Hydrant, eine Telefonzelle, Fassaden und Pflasterung sollen ans 18. und frühe 20. Jh. erinnern.

Hakasalmen huvila (Villa
Hakasalmi) ┄┄→ S. 115, F 4

In der Villa sind wechselnde Ausstellungen untergebracht, wurden und werden spannende Themen behandelt wie die Kultur der Roma nicht nur in Finnland und Helsinki. Ein kleiner Gartentraum mitten in der Stadt wird im Museumscafé Wirklichkeit.

Mannerheimintie 13 D; Tram 4, 7, 10: Kansallismuseo; Mitte Feb.–Ende Aug. und Mitte Okt.–Ende Dez. Mi–So 11–17 Uhr

Koulumuseo (Schulmuseum)
┄┄→ S. 119, E 9

In zwei Holzhäusern aus den 1830er/40er-Jahren befindet sich das Schulmuseum. Hier soll die Entwicklung des Volksschulwesens seit 1867 bis zum Ende dieser Schulform 1977 Besucher zu Reflexion und vielleicht Vergleichen anregen. In den Klassenzimmern sitzt man in den 1920er- und 30er-Jahren, kann Lehrmaterial ansehen und Lernprogramme aus dem Radio lauschen. Für Gruppen werden stilechte Schulstunden abgehalten!

Kalevankatu 39-41; Tram 6, Metro: Kamppi; 1. Sept.–31. Mai Sa, So 11–17 Uhr

Raitikkamuseo (Trammuseum)
┄┄→ S. 115, E 2

In Helsinkis ältestem Straßenbahndepot eröffnete Mitte 2008 die Ausstellung zur über 100-jährigen Geschichte der Straßenbahn neu. Mehrere historische Waggons lassen sich besteigen und vermitteln das richtige Mobilitätsgefühl für die verschiedenen Epochen des öffentlichen Stadtverkehrs. Das schöne Gebäude

stammt aus dem Jahr 1900 von Waldemar Aspelin und ist ein typisches Beispiel für die Industriearchitektur des ausgehenden 19. Jh.

Töölönkatu 51 A; Tram 3T, 4, 7, 10: Töölön halli; tgl. 11–17 Uhr

Ruiskumestarin talo
(Spritzenmeisterhaus) ┄┄→ S. 116, B 8

Im ältesten Holzgebäude Helsinkis (1818) werden die Wohn- und Lebensverhältnisse des Oberbrandmeisters Alexander Wickholm nebst Frau Erika und drei Kindern in den 1860er-Jahren lebendig.

Kristianinkatu 12; Tram 1, 7: Snellmaninkatu, Bus 18; Mi–So 11–17, Jan.–Mai und Sept.–Okt. Do bis 19 Uhr

Sederholmin talo (Sederholmhaus)
┄┄→ S. 116, B 8

Das Sederholmhaus feierte als ältestes Steinhaus Helsinkis 2009 seinen 250. Geburtstag. Bis 1985 fungierte es als städtisches Gerichtsgebäude. Direkt am Senatsplatz (→ S. 60) gelegen, zeigt es jetzt historische Sonderausstellungen zu Themen wie Kriminalistik in Helsinki, Festtraditionen und Festkleidung.

Aleksanterinkatu 16-18; Tram 1, 3T, 4, 7: Senaatintori; Mitte Nov.–Mitte Sept. Mi–Sa 11–17, So 12–17 Uhr

Työväenasuntomuseo (Arbeiterwohnungsmuseum) ┄┄→ S. 116, A 5

Die vier Häuser im zusammenhängenden Block stammen von 1909 und wurden von A. Nyberg damals für die bei der Stadt beschäftigten Arbeiter gebaut. Die Räume geben Einblick in das Leben der meist großen Familien mit mehreren Kindern in der Zeit zwischen 1910, als noch fünf und mehr Personen in einem Zimmer zusammenleben mussten (und das war für die damaligen Verhältnisse noch großzügig!), und 1985. Gezeigt werden Wohn- und Schlafstuben, Küchen und Kellerräume.

Kirstinkuja 4; Tram 1: Brahenkatu, Bus 23; Mitte Juni–Ende Sept. Mi–So 11–17 Uhr

Tuomarinkylän museo (Tuomarinkyla Museum) & Lastenmuseo (Kindermuseum) 👫👶 ⤳ S. 117, nördl. D 5

Zum Tuomarinkyla Museum und dem Kindermuseum in der schönen Gutshofatmosphäre des Tuomarinkylän kartano geht es hinaus aus der Stadt, nach Norden. Das Gutshaus aus den 1790er-Jahren beherrscht einen Hügel inmitten fruchtbarer Felder. Die Ausstellung »Stilvoll« im Hauptgebäude umfasst Möbel und Interieur wie Silber, Glas, Porzellan aus der Zeit des Barock bis zum Funktionalismus. Neben geführten Touren stehen auch spezielle Führungen für Kinder auf dem Programm, außerdem gibt es für die jüngsten Besucher ein separates Ausstellungszimmer mit Miniaturen und Puppenmöbeln, die den Wandel der Zeit widerspiegeln. Ein Café darf ebenfalls nicht fehlen.

Im Anbau des Gutes, einem ehemaligen Kuhstall, ist das Kindermuseum untergebracht. »Von Mammut bis Meerschweinchen« heißt die Ausstellung, die über Tiere in Helsinki erzählt: von Haustieren bis zu Exoten, von Urviechern bis zur Jetztzeit. Das Bemerkenswerte: Die Ausstellungen, die jeweils nach mehreren Jahren wechseln, werden immer zusammen mit Kindern aufgebaut und ausgestaltet, treffen also ganz sicher den Nerv und Geschmack des Nachwuchses, zumal Anfassen und Ausprobieren im Mittelpunkt stehen.

Tuomarinkylä; Bus 64, 72; Mi–Sa 11–17, So 12–17 Uhr

Voimalamuseo (Museumskraftwerk) ⤳ S. 117, nördl. D 5

Auch diese Dependance des Stadtmuseums liegt außerhalb des Zentrums, an der Mündung des Flusses Vantaanjoki in Vanhakaupunki. Zum Ensemble gehören die Turbinenpumpstation des früheren Wasserkraftwerks (1876), eine Dampfkraftstation (1931) und die von 1884 bis 1915 betriebene Wassermühle. Die Wasserwerke Helsinki arbeiteten hier am Fluss noch bis in die frühen 1970er-Jahre, 2000 wurde aus dem Gebäudekomplex ein Museum mit Reminiszenzen an die Geschichte der Industrialisierung der Region.

Hämeentie 163; Bus 71, 71 V, 73 B; 1. Juni–31. Aug. Mi–So 11–17 Uhr

Helsingin kaupungin taidemuseo (Städtisches Kunstmuseum)
⤳ S. 114, A 1

Das Kunstmuseum der Stadt hat zwei Abteilungen: die in Meilahti sowie eine weitere im Tennispalatsi (→ Museen, S. 81). Meilahti findet sich außerhalb des Zentrums in grüner Vorortlage. Der bungalowartige Komplex aus den 1970er-Jahren liegt in unmittelbarer Nachbarschaft des alten Gutshofes Meilahti und nicht weit von der Insel Seurasaari. Im Mittelpunkt steht Kunst der Gegenwart und des 20. Jh. aus den Bereichen bildende Kunst, Film und Fotografie, Kunstgewerbe, Videokunst und Installation. Ernsthafte Auseinandersetzung mit Kunst im Bezug zu gesellschaftlicher Entwicklung ist zuweilen kombiniert mit einem Augenzwinkern, mit Humor bis hin zu Ironie.

Tamminiementie 6; Tram 4: Meilahdentie, Bus 18, 24; www.taidemuseo.fi; Di–So 11–18.30 Uhr; Eintritt 7 €, Kinder frei, mit Helsinki Card frei

Helsingin yliopistomuseo Arppeanum (Universitätsmuseum)
⤳ S. 116, B 8

Im Gebäude von Carl Edelfelt (1896 errichtet) experimentierten einst die Chemiestudenten der Universität im Labor. Schon früh allerdings gab es Pläne, hier ein Museum einzurichten. Jetzt präsentiert das Universitätsmuseum Forschungs- und Wissenschaftsgeschichte vom 17. Jh. bis in die heutige Zeit, ob Medizin, Zahnmedizin oder Pharmazie inklusive einer alten, komplett eingerichteten Apotheke. Die Ausstellung zur Universitätsgeschichte zeigt nicht nur Porträts bärtiger und ehrwürdiger

Professoren, sondern auch das Interieur einer Studentenbude aus den 1970er-Jahren und Plakate der finnischen 68er-Studentenbewegung.

Im Mineralienkabinett harren Kristalle, Fossilien und Meteoriten ihrer Bewunderer.

Snellmaninkatu 3; Tram 1, 7: Hallituskatu; Di–Fr 11–17, Sa, So 11–16 Uhr; Eintritt 4,50 €, Kinder 2,50 €

Kaapelitehdas (Kabelfabrik) 👫

····⇒ S. 118, C 10

Das weitläufige und bedeutende Kulturzentrum im Stadtteil Ruoholahti hört deshalb auf den Namen Kabelfabrik, weil Nokia, weltbekanntes Telekommunikationsunternehmen, hier früher Kabel und Gummiprodukte (vielleicht auch die geliebten Gummistiefel, die »Nokias« der Finnen) fertigte. Jetzt stehen 53 000 qm für Kunst und Kultur zur Verfügung! 500 000 Besucher im Jahr sieht Kaapeli, schließlich ist es auch Dach für Museen, für 13 Kunstgalerien, diverse Kunstschulen und Tanztheater sowie ein Café-Restaurant, für Events und Konzerte, Bühnenshows und Kinderprogramme. Hier befinden sich unter anderem die Tanztheater Zodiac und Hurjaruuth, die Helsinki Künstlergesellschaft, das renommierte Avanti-Kammerorchester, die Kinder-Architekturschule Arkki, das Improvisationstheater Stella Polaris, die DesignCompany Woodnotes für Textilien und Möbel, Radio- und TV-Sender und viele mehr ...

Drei Museen haben in der ehemaligen Fabrik ihr Zuhause. Auch wenn es der Beschilderung zum Teil noch an Internationalität fehlt, sind die Museen einen Blick wert. **Suomen valokuvataiteen museo (Fotografiemuseum Finnlands)** überzeugt neben einer Basisausstellung über die Geschichte des Mediums mit Wechselschauen arrivierter wie nachwachsender Fotokünstler, ob zu Naturthemen oder zum Leben in Asphaltwelten (Tallberginkatu 1 G; www.fmp.fi; Eintritt 6 €, Kinder frei, mit Helsinki Card frei; Di–So 11–18 Uhr). Im **Hotelli-ja ravintolamuseo (Hotel- und Restaurantmuseum)** führt die Zeitreise vom Landgasthof zum Gourmettempel, von Hotel bis Bierkneipe durchs finnische Gastgewerbe, streift Tourismus und finnische Speisekultur.

Kaapelitehdas – von der Kabel- zur Kulturfabrik: Wo heute Kunst und Kultur zelebriert werden, wurden früher Kabel und Gummiprodukte gefertigt.

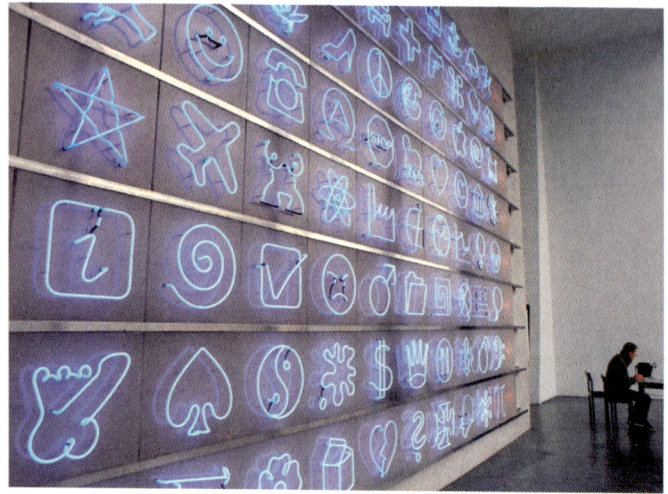

Malerei, Grafik, Skulptur, Installationen, Multimedia Art – die Exponate im Kiasma umfassen die ganze Palette kreativen Kunstschaffens.

Auch hier ergänzen Themenausstellungen wie z. B. über Verpflegungsgewohnheiten auf Reisen das Grundprogramm. Witzig: Zu sehen ist außerdem ein originaler Alko-Laden von 1934 (Tallberginkatu 1 G (3. Stock); www.hotellijaravintolamuseo.fi; Di–So 11–18 Uhr; Eintritt 2 €, Kinder 1 €, mit Helsinki Card frei).

Einen Blick vor und hinter den Bühnenvorhang der finnischen Theatergeschichte vermitteln im **Teatterimuseum (Theatermuseum)** die Ausstellung »Kraft und Magie«, der Theaterdachboden und das Arkadentheater. Kostüme und Puppen, Jukebox und Kleinkino erzählen von großen Erfolgen und gefeierten Stars. Aktion und Interaktion werden groß geschrieben, Ausprobieren und Spielen sind erlaubt (Tallberginkatu 1 G; www.teatterimuseo.fi; Di–So 11–18, So 12–18 Uhr; Juli geschl.; Eintritt 6 €, Kinder 3 €, mit Helsinki Card frei).
Tallberginkatu 1; Tram 8: Salmisaari (Endhaltestelle), Metro: Ruoholahti; www.kaapelitehdas.fi; Mo–Fr 8–18 Uhr; Eintritt frei

Kiasma nykytaiteen museo (Kiasma Museum für zeitgenössische Kunst)

····≯ S. 115, F 4

Im Museum für Gegenwartskunst ist der Bau schon ein Kunstwerk für sich. Der Entwurf des amerikanischen Architekten Steven Holl von 1998 spielt mit Ecken und Rundungen, der Wasserfläche vor dem Museum, lässt das Museum wie im Rund geborgen und doch klar, geradlinig und immer einladend aussehen.

Das Innere kommt fast noch spannender daher, mit asymmetrischen Wänden und Fenstern, eigenwilligen Übergängen der Räume durch automatische Schiebetüren, Wendeltreppen, lange, rollstuhlgerechte Rampen, überraschenden Winkeln und Vorsprüngen. Dies ist das passende Ambiente für neueste Trends der bildenden Künste, jenseits der Ausrichtung und Präsentation herkömmlicher Sammlungen. Kiasma hält die Balance zwischen Malerei, Grafik, Skulptur, multimaterieller Präsentation, Installation, Multimedia-Art und Aktionskunst, zwischen in-

und ausländischen Akteuren, wobei unter Letzteren russische und Künstler aus den baltischen und skandinavischen Staaten dominieren.

Durchgestylt ist das **Café Kiasma** und erfreut sich auch ohne Museumsbesuch guten Zuspruchs, nicht zuletzt wegen der Sommerterrasse. Neben dem Museumsshop gehören zum Kiasma-Konzept Performances, Lesungen und Theater, das Schaffen einer Verbindung moderner künstlerischer Ausdrucksformen.

Von außen dominiert er den Platz neben dem Museum sowieso – auch durch einige Fenster der Ausstellungsräume fällt der Blick auf sein **Reiterstandbild**: Carl Gustaf Mannerheim, hoch zu Ross, auf stabilem Sockel 1960 geschaffen vom finnischen Bildhauer Aimo Tukiainen, ganz erhaben, wie es dem ehemaligen Marschall von Finnland und Staatspräsidenten geziemt.

Mannerheiminaukio 2; Tram 4, 7, 10: Lasipalatsi; www.kiasma.fi; Di 10–17, Mi–Fr 10–20.30, Sa, So 10–18 Uhr; Eintritt 7 €, Kinder unter 18 Jahre frei, mit Helsinki Card frei

Kumbukumbu (Missionsmuseum)
----> S. 120, A 14
Hinter dem einprägsamen, lautmalerischen Namen verbirgt sich das 1931 gegründete Missionsmuseum. Es präsentiert die schwierige und auch kritisch zu betrachtende Missionsgeschichte, zeigt von Missionaren der evangelisch-lutherischen Missionsgesellschaft erworbene Gegenstände aus Afrika und Asien, berichtet über das Zusammentreffen mit fremden Religionen und Kulturen, reflektiert Fluch und Segen der Schätze der Missionsgebiete von Seide über Gold bis Elfenbein für die dort ansässige Bevölkerung.

Tähtitorninkatu 18; Tram 10: Tarkk'ampujankatu; www.missionmuseum.fi; Mitte Jan.–Mitte Dez. Di–So 12–16, Mi bis 18 Uhr; Eintritt 5 €, Kinder 1 €, mit Helsinki Card frei

Luonnontieteellinen museo (Naturhistorisches Museum)
----> S. 115, F 4
Zum Naturhistorischen Museum der Universität gehören auch die Botanischen Gärten (→ Sehenswertes, S. 54). Das Museum selbst zeigt Ausstellungen zur Erdgeschichte vom Urknall über die Entstehung der Steinkohle und neuerer Gesteinsformationen, über ur- und neuzeitliche Lebewesen von Mammut und Dinosaurier bis zu den heutigen Wirbeltieren, die in einem Skelett-Zoo präsentiert werden. Kinder freuen sich besonders über das riesige Gerippe eines Gigantosaurus. Ein weiterer Themenkomplex widmet sich finnischen Landschaften in typischen jahreszeitlichen Dioramen: Helsinkis frühlingshafte Außenschären ebenso wie Lapplands Winterpracht.

Pohjoinen Rautatiekatu 13; Tram 4, 7, 10: Lasipalatsi, Metro: Kamppi; www.fmnh. helsinki.fi; Di–So 10–16, Do bis 18 Uhr; Eintritt 5 €, Kinder 2,50 €, mit Helsinki Card frei

Mannerheim-museo (Mannerheim Museum)
----> S. 120, B 14
Das ehemalige Wohnhaus des für die Finnen untrennbar mit ihrer Unabhängigkeit verbundenen Freiherrn, Oberbefehlshabers der Armee, Marschalls und Präsidenten Mannerheim (1867–1951) ist heute sein Museum. Mannerheim wohnte dort von 1924 bis zu seinem Tod – und schlief, soldatische Askese bewahrend, bei allem Komfort um ihn herum stets in seinem Feldbett. Andererseits war er gutem Essen und Trinken und einer wohl schmeckenden Zigarre keineswegs abgeneigt. Er war nicht nur Offizier, ausgebildet noch in der zaristischen Armee, und Politiker, sondern auch Forscher und Reisender. So führte ihn eine mehrjährige Reise tief hinein nach Asien und China. Er brachte von den Expeditionen nicht nur ethnologisch bedeutende Erkenntnisse mit, sondern auch einige

persönliche Erinnerungsstücke wie das Fell eines selbst geschossenen Tigers. Die Originaleinrichtung des Hauses ist ebenso zu sehen wie Mannerheims Orden und Uniformen, außerdem Dokumente zur Geschichte Finnlands. Das Museum bietet interessante, etwa einstündige Führungen auch in deutscher Sprache.

Mannerheims Geburtshaus Louhisaari befindet sich übrigens in Askainen in Südwestfinnland. Seine Hauptquartiersstadt im Zweiten Weltkrieg, heute ebenfalls mit mehreren Museen ausgestattet, war Mikkeli in Ostfinnland.

Kalliolinnantie 14; Tram 3B: Kaivopuisto; www.mannerheim-museo.fi; Fr 11–17, Sa, So 11–16 Uhr; Eintritt 8 €, Kinder bis 12 Jahre frei, mit Helsinki Card frei

Postimuseo (Postmuseum) 👥
┈┈⟶ S. 115, F 4

Nicht nur für Philatelisten eine gute Adresse: Kurzweilig wird in Helsinkis Postmuseum die über 370-jährige Geschichte der Post Finnlands in Szene gesetzt. Interaktiv am Terminal kann man Postboten ihrer Zeit gemäß einkleiden, Quizfragen beantworten, per Fahrrad Post zustellen und vieles mehr. Von den vielfältigen Gefahren für die alten Postboote, von Briefmarkenkunst und Kommunikation im Satellitenzeitalter erzählen Ton- und Bilddokumente.

Das erst 2008 runderneuerte Museum besitzt auch ein kleines Café, das Kaffee und kleine Snacks serviert, einen Galerieraum für Sonderausstellungen und einen Shop für nette Mitbringsel und Briefmarken. Das Konzept überzeugt nicht nur die Macher: Wenn man mit dem Museum nicht zufrieden ist, gibt's einen Teil vom Eintrittsgeld zurück!

Asema-aukio 5 H (Hauptpost/Pääpostitalo); Tram 3B/T, 6, 9, Metro: Rautatieasema; www.posti.fi/postimuseo; Mo–Fr 10–18, Sa, So 12–17 Uhr; Eintritt 6 €, Kinder unter 18 Jahre frei, mit Helsinki Card frei

Seurasaaren ulkomuseo (Seurasaari-Freilichtmuseum) 👥
┈┈⟶ S. 114, A 2/3

Den besonderen Reiz des Freilichtmuseums macht seine Lage auf der Insel Seurasaari (→ Sehenswertes/Saaristo, S. 58) aus – per Boot oder auch über eine Fußgängerbrücke gut zu erreichen und trotzdem eine (Insel-)Welt für sich. Die sich in die Landschaft schmiegenden Gebäude, zusammengetragen aus verschiedenen Landesteilen und aus dem 18. bis frühen 20. Jh. stammend, berichten vom Leben der Landbevölkerung wie der höheren Stände. Insgesamt 87 hölzerne Häuser umfasst der Freiluftpark, Gutshöfe, Bauernhäuser und Katen ebenso wie Pastorat, Kirchboote und Windmühlen. Seurasaari ist damit das älteste und größte (die Finnen lieben es, sich in Vergleichen zu messen!) Freilichtmuseum Finnlands. Ein Höhepunkt ist die Holzkirche von Karuna aus dem 17. Jh., in der noch heute Gottesdienste, gelegentlich Konzerte und Hochzeiten stattfinden.

Das Café Antin Kaffeliiteri hält im Sommer Gebäck, Kaffee, Tee und Erfrischungen bereit. Museumsführungen mit Guides, die in ihren Volkstrachten wirken, als sei die Zeit stehen geblieben, gibt es im Sommer sogar auf Deutsch täglich um 11 Uhr ab Seurasaari-Information.

Mit dem Freilichtmuseum und Seurasaari untrennbar verbunden ist das noch vor der Brücke zur Insel gelegene **Kansantaidekeskus Tomtebo, (Folklorezentrum Tomtebo)**. In einer Holzvilla aus dem 19. Jh. werden Folkloreausstellungen und Thementage arrangiert, im Sommer Aufführungen von Volkstänzen und traditioneller Musik abgehalten. Tomtebo ist treibende Kraft auch bei der großen öffentlichen Juhannusfeier der Helsinkier auf der Insel mit Vorführungen alter Handwerke, Tänzen und Gesang. Unbedingt empfehlenswert ist das kleine Sommercafé.

Nationaltrachten verschiedenster Regionen Finnlands gibt es für Frauen und Männer tageweise zu leihen – ebenso wie historisches Spielzeug zum Mitnehmen auf die Insel.

Freilichtmuseum; Bus 24: Endhaltestelle; www.seurasaari.fi; 1. Juni–31. Aug. tgl. 11–17, 1.–15. Sept. und 15.–31. Mai Mo–Fr 9–15, Sa, So 11–17 Uhr; Eintritt 6 €, Kinder unter 18 Jahre frei, mit Helsinki Card frei;

Tomtebo: Tamminiementie 1; www.seurasaarisaatio.fi; 1. Juni–31. Aug. tgl. 12–18, Mai und Sept.–Dez. Sa, So 11–16 Uhr; Eintritt frei

Sinebrychoffin taidemuseo (Sinebrychoff Kunstmuseum)

┄┄> S. 119, F 9/10

So ist der Name der Dynastie, die Helsinkis traditionelle Bierbrauerei begründete. Das Koff-Bier stammt aus ihren Fässern. Inzwischen ist die Brauerei längst nicht mehr in Familienbesitz, längst auch wird nicht mehr in Helsinki produziert. Geblieben aber sind das Kunstmuseum, spezialisiert auf alte europäische Kunst, und der herrliche, weitläufige Park. Finnlands wertvollste Gemäldesammlung alter Meister soll das Privatmuseum bergen, auch die legendären alten holländischen Maler sind vertreten, ebenso eine beachtliche Sammlung von Miniaturen. Im Obergeschoss ist eine Rekonstruktion der repräsentativen Stadtwohnung des Brauers eingerichtet. Zum Museum gehören ein Shop und das Café Kahvila Fanny. Geführte Touren gibt es auch auf Deutsch.

Bulevardi 40; Tram 6: Hietalahdentori; www.sinebrychoffintaidemuseo.fi; Di, Fr 10–18, Mi, Do 10–20, Sa, So 11–17 Uhr; Eintritt 7,50 €, Kinder unter 18 Jahre frei, mit Helsinki Card frei

Sotamuseo (Militärmuseum)

┄┄> S. 116, B 8

Eine kriegs- und waffenhistorische Sammlung vom 17. Jh. bis heute ist im Militärmuseum zu sehen. Zwei Ausstellungen in vis-à-vis gelegenen Häusern sind unter diesem Namen zusammengefasst. Die Ausstellung in der Maurinkatu, untergebracht in einer alten Backsteinkaserne, führt durch finnische Kriegs- und Friedenssicherungsgeschichte von den Hakapeliten, den gefürchteten finnischen Kämpfern aus dem Dreißigjährigen

Einblicke in das bäuerliche Wohnen und Wirtschaften vergangener Jahrhunderte gewährt das Seurasaari-Freilichtmuseum auf der Insel Seurasaari.

Der Prachtbau des Nationalmuseums birgt 10 000 Jahre finnische Geschichte.

Krieg, bis zu den heutigen Einheiten unter UNO-Mandat. Neben Dokumenten aus dem umfangreichen Bildarchiv sind auch Waffen, Uniformen, Fahnen und Orden zu sehen. Die Liisankatu steht für Sonderausstellungen zur Verfügung, etwa über den Winterkrieg 1939 bis 1940.
Maurinkatu 1 und Liisankatu 1; Bus 16, 18; www.mpkk.fi/fi/sotamuseo; Di–Do 11–17, Fr–So 11–16 Uhr; Eintritt 4 €, Kinder 2 €, mit Helsinki Card frei

Suomen Kansallismuseo (Finnisches Nationalmuseum)
⤑ S. 115, F 4
Finnische Geschichte hat einen festen Platz in Helsinki: Im Finnischen Nationalmuseum präsentieren sich in sechs Abteilungen prähistorische Spuren und erste Besiedlung mit wertvollen archäologischen Funden, Mittelalter und Neuzeit mit Blick auf Lebensformen, gesellschaftliche Entwicklungen, Kriegs- und Friedenszeiten, Kunst und Kultur. Von Steinäxten über mittelalterlichen Schmuck bis zu Wohninterieurs des 20. Jh. geht die Reise. Zur ständigen Ausstellung kommen wechselnde Themen. Einer der besonderen Schätze des Museums ist die Sammlung von Münzen, Medaillen, Silberzierrat und Waffen. Auch die Sammlung von Kirchenkunst beeindruckt in ihrer Vielfalt. Hinter Vintti verbirgt sich eine interaktive Ausstellung, die auch ältere Kinder reizt: Wie wäre es, ein Blockhaus zu bauen, ein Pferd zu satteln, einen Teppich zu weben oder einen Zaren aus früherer Zeit zu mimen?

Die Hülle selbst verdient mehr als einen Blick: An dem stolzen nationalromantischen Bauwerk aus der Feder des Architektentrios Gesellius, Lindgren und Saarinen (1905–1910) mit grauer, rot abgesetzter Granitfassade und hohem Turm lässt sich mancher Erker, manche Rundung und Verzierung erkunden. Im Inneren imponieren die Fenster mit Glasmalereien und die Deckenfresken des nationalromantischen Malers par excellence, Akseli Gallen-Kallela, zu Themen des Nationalepos der Finnen, des »Kalevala«. Zum Nationalmuseum gehören ein Museumsshop und ein Café.
Mannerheimintie 34; Tram 4, 7, 10: Kansallismuseo; www.kansallismuseo.fi; Do–So 11–18, Di, Mi 11–20 Uhr; Eintritt 7 €, Kinder unter 18 Jahre frei, mit Helsinki Card frei

Suomen Pankin rahamuseo (Finnisches Geldmuseum)
⤑ S. 116, B 8
Irgendwie geht es doch immer um den schnöden Mammon – hier im finnischen Geldmuseum allemal. Betreiber ist die Zentralbank Finnlands. Das kleine Einmaleins der Geldwirtschaft und ihrer volkswirtschaftlichen Aspekte wird erläutert, der Geschichte des Geldes nachgegangen. Aber auch die Ästhetik kommt nicht zu kurz beim Thema Geldscheinkunst und -künstler. Multimediashow und Wechselausstellungen runden die kleine Schau um Schein und Münze ab.
Snellmaninkatu 2; Tram 1, 7: Hallituskatu; Di–Fr 11–17, Sa, So 11–16 Uhr; Eintritt frei

Suomen rakennustaiteen museo (Museum für finnische Architektur)

⸱⸱⸱⸱⋟ S. 120, A 13

Im Bau von 1899, einst als Haus der Wissenschaften konzipiert von Magnus Schjerfbeck, hat sich das Museum für finnische Architektur niedergelassen, eine Adresse für Liebhaber. Immer nur häppchenweise kann das Museum seine Schätze zeigen – und die sind erwähnenswert, gehören doch neben Bildarchiv und Skizzensammlung etwa 500 Modelle von Gebäuden aus ganz Suomi dazu.

Kasarmikatu 24; Tram 10: Kirurgi; www.mfa.fi; Di–So 10–16, Mi bis 20 Uhr; Eintritt 3,50 €, Kinder frei, mit Helsinki Card frei

Suomen Urheilumuseo (Finnisches Sportmuseum) 🏃🏃

⸱⸱⸱⸱⋟ S. 115, E 2

Nur ein paar Schritte vom Stadionturm (→ Sehenswertes, S. 56) entfernt kann man sich im finnischen Sportmuseum mitfreuen über vergangene Sternstunden, aber auch mitleiden angesichts der Niederlagen in der Sportgeschichte Suomis. Für ihre Sportler, die den Namen der kleinen Nation in die Welt trugen und tragen, haben die Finnen von jeher ein besonderes Herz. Immer noch Helden sind die Langstreckenläufer Paavo Nurmi und Lasse Virén. Der ganze Stolz des Museums ist deshalb der goldene Spikeschuh Paavo Nurmis. Und wer kennt nicht die Schanzenakrobaten wie den Ausnahme-Skispringer Matti Nykänen, dessen Medaillen ebenfalls zu bewundern sind. Natürlich ist den Olympischen Spielen 1952 in Helsinki angemessen Raum gewidmet. Die sportlichen Leidenschaften der Finnen sind Skisport, vor allem Langlauf, sowie Eishockey und – finnische Spezialität – Pesäpallo, eine Art verschärftes Baseball.

Olympiastadion; Tram 3T, 4, 7, 10: Töölön halli; www.urheilumuseo.fi; Mo–Fr 11–17, Sa, So 12–16 Uhr; Eintritt 5 €, Kinder unter 18 Jahre frei, mit Helsinki Card frei

Tekniikan museo (Technisches Museum)

⸱⸱⸱⸱⋟ S. 117, nördl. D 5

In Vanhakaupunki liegt das Technische Museum, auf der gleichen Insel im Fluss Vantaanjoki wie das Museumskraftwerk des Stadtmuseums. Es wundert nicht, dass es auch hier, in der Nachbarschaft des Kraftwerks, unter anderem um Strom- und Energieerzeugung geht. Im Technikmuseum erfahren die Besucher Wissenswertes aus der Entwicklung verschiedenster Industriezweige, aus Nachrichten- und Computertechnik ebenso wie aus Chemie-, Metall-, Montan- und Baugewerbe. Dazu locken Sonderausstellungen in die schöne Umgebung der Flusslandschaft.

Viikintie 1; Bus 68, 71, 74; www.tekniikanmuseo.fi; Di–Fr 9–17, Sa, So 12–16 Uhr; Eintritt 6 €, Kinder 7–17 Jahre 1 €, mit Helsinki Card frei

Tennispalatsi (Tennispalast)

⸱⸱⸱⸱⋟ S. 115, F 4

Ähnlich wie Lasipalatsi (→ Sehenswertes, S. 55) war der lang gestreckte Hallenbau mit halbrunder Dachkonstruktion im funktionalistischen Stil (Helge Lundström, 1937) als eine der Wettkampfstätten und Servicegebäude für die 1940 in Helsinki vorgesehenen Olympischen Spiele geplant. Wie der Name Tennispalast vermuten lässt, wurden hier über Jahre kleine weiße Bälle übers Netz geschmettert und außerdem Bowling gespielt. Nach dem Leerstand drohte der Abriss. Aber wie auch der nicht weit entfernte Glaspalast zu neuem Leben erweckt wurde, erging es auch dem Tennispalast. Generalüberholt und im neuen Glanz ist er jetzt wieder viele Besucher, schließlich werden hier Kinoträume im Finnkino auf 14 Leinwände projiziert, gibt es neben Fast Food ein ordentliches Café, sorgen zwei Museen für kulturellen Anspruch. **Helsingin kaupungin taidemuseo**, die Dependance des Städtischen Kunstmuseums in Meilahti

punktet im Obergeschoss des Tennispalastes mit wechselnden Ausstellungen moderner finnischer und internationaler Kunst sowie Begleitprogrammen (www.taidemuseo.fi; tgl. 11–20.30 Uhr; Eintritt 7 €, Kinder frei, mit Helsinki Card frei). **Kulttuurien museo**, das **ethnografische Museum**, präsentiert kulturelle Identitäten rund um den Globus. Dabei stehen nicht nur die jeweilige Hochkultur, sondern gerade auch das alltägliche Leben und seine Eigenheiten im Mittelpunkt. Das Museum versteht sich als Anregung, Fremdem und Neuem offen zu begegnen, Verbindungslinien zum Weltgeschehen und zur eigenen kulturellen Identität zu reflektieren. So fällt das Licht auch auf vom Aussterben bedrohte Völker, gibt Raum für sonst Unerhörtes. Auch die Sonderausstellungen sind sehenswert (www.kulttuurienmuseo.fi; Di–Do 11–20, Fr–So 11–18 Uhr; Eintritt 6 €, Kinder frei, mit Helsinki Card frei).
Salomonkatu 15; Tram 4, 7, 10: Lasipalatsi, Metro: Kamppi

Villa Gyllenberg ⋯⋯⋗ S. 114, westl. A 2
Das Kunstmuseum ist eines der renommiertesten finnischen Privatmuseen, untergebracht im ehemaligen Wohnhaus (1938) der Familie Gyllenberg. 1955 erweitert, präsentiert es finnische Kunst von 1700 bis 1970 und ebenfalls alte internationale Kunst. Der Bankier und Sammler Ane Gyllenberg gründete mit seiner Frau Signe 1948 eine pharmazeutische Stiftung, die in enger Verbindung zum Gesundheitskonzept Steiners arbeitet. Ihre Aufgabe sollte aber auch die Pflege der Kunstsammlung sein. Das Museum besticht durch seine pittoreske Lage am Nordwestufer der Insel Kuusisaari in Westhelsinki, mit schöner Sicht auf die Bucht Laajalahti bis hinüber zum Gallen-Kallela Museum.
Kuusisaarenpolku 11; Bus 194, 195; www.villagyllenberg.fi; 1. Aug.–30. Juni Mi 16–20, So 12–16 Uhr; Eintritt 5 €, Kinder 3 €, mit Helsinki Card frei

GALERIEN

Galerie Anhava ⋯⋯⋗ S. 115, F 4
Im Zeitungshaus Sanomatalo hat sich die Galerie auf skandinavische und finnische Gegenwartskunst spezialisiert. Anhava hat sich mit der Galerie Artek verbunden. Und das bedeutet, wieder Alvar Aalto zu begegnen: »Artek« wurde 1935 gemeinsam von Aalto, seiner Frau Aino, der Mäzenin Maire Gullichsen und dem Kritiker Nils G. Hahl begründet mit dem Ziel, Möbel und Einrichtung ganz im Sinne des humanistischen Funktionalismus Aaltos zu vertreiben. Und dieser Geist ist auch bei Anhava spürbar.
Mannerheiminaukio 3; Tram 3B/T, 6, 9: Rautatieasema; www.anhava.com; Di–Fr 11–17, Sa, So 12–16 Uhr

Galerie Forsblom ⋯⋯⋗ S. 120, A 13
Eine der bedeutendsten, international ausgerichteten Galerien Skandinaviens. Nicht nur arrivierte Namen sind zu finden, auch der finnische Nachwuchs wird gefördert und bekommt seine Chance.
Pohjoisesplanadi 27 C; Tram 1, 3T: Kauppatori; www.galerieforsblom.com; Di–Fr 11–17, Sa, So 12–16 Uhr

Galleria G ⋯⋯⋗ S. 120, A 13
Der Showroom der Vereinigung finnischer Druckgrafiker fokussiert aufs Papier: Zeitgenössische Grafik, Fotografie und Mischtechniken auf Papier sind zu sehen, ergänzt durch Skulpturen und Installationen.
Pieni Roobertinkatu 10; Tram 3B: Iso Roobertinkatu; www.taidegraafikot.fi; Di, Do, Fr 11–17, Mi 11–18, Sa, So 12–16 Uhr

Galleria Jangva ⋯⋯⋗ S. 120. A 13
Längst hat sich der Avantgarde-Spot einen Namen gemacht. Junges und Freches steht auf dem Ausstellungsprogramm, kombiniert mit Events von Poetry Slam bis Musiksession. Jangva betreibt auch ein kleines Café.
Uudenmaankatu 4-6; Tram 3B, 6: Fredrikinkatu; www.jangva.fi; Di–Fr 11–19, Sa, So 11–17 Uhr

ABENTEUER AUS ERSTER HAND.

Spaziergänge und Ausflüge

Städtehistorisches Kleinod und beliebtes Fotomotiv: die malerischen Lagerhäuser in Porvoo (→ S. 96). Die zweitälteste Stadt Finnlands liegt etwa 40 Kilometer nordöstlich von Helsinki und sollte auf der Liste der Ausflugsziele nicht fehlen.

Einen Abstecher zu Helsinkis Festungsinseln, auf den Spuren der Nationalromantik in Hvitträsk oder mittelalterliches Flair in Porvoo: Helsinki und seine Umgebung verheißen unvergessliche Bilder.

★ Vom Markt über Helsinkis Prachtstraßen – bummeln, schauen, genießen

Charakteristik: Der Spaziergang streift buntes Treiben auf dem Marktplatz am Südhafen, flaniert über die Esplanaden und biegt wieder ein in die ehrwürdig geschäftige Aleksanterinkatu hin zu Senatsplatz und Dom; **Dauer:** etwa 1,5 Stunden (ohne Einkehr); **Einkehrmöglichkeiten:** entlang der gesamten Strecke;
Karte: ⸺⟩ Umschlagkarte vorne

Der Besuch des **Marktplatzes (Kauppatori)** am Südhafen ist für Helskinki-Besucher Pflichtprogramm. Die Reize sind vielfältig: Fisch in allen Variationen, fangfrisch oder in köstlicher Zubereitung, appetitliche Berge von Obst und Gemüse, farbenprächtige Blumenstände wetteifern mit attraktivem Kunsthandwerk von originellem Schmuck über Keramik bis zu Gestricktem, Gewebtem und Gefilztem. Schärenfischer und -bauern verkaufen von kleinen Booten am Pier aus ihre Ware, ob Ostseehering oder Kartoffeln. Es gehört auch dazu, vor oder in einem der orangefarbenen Plastikzelte aus Pappbechern heißen Kaffee zu schlürfen. In der Mitte des Platzes sieht man den Obelisken mit goldener Kugel und russischem Doppeladler, den **Stein der Zarin**.

Lohnend ist ein Abstecher zur **Alten Markthalle (Vanha kauppahalli)** im Südhafen mit Delikatessen und Imbissstuben in stilechten, halboffenen, aus Holz geschnitzten Verkaufsständen hinter der roten, beige verzierten Backsteinfassade von 1888 (Gustaf Nyström).

Südhafen → Kappeli
Wenn man den Marktplatz verlässt, sollte man kurz beim Brunnen mit der schönen **Havis Amanda**, der freizügigen Statue des Künstlers Ville Vallgren, innehalten. Der Blick fällt auf das **Kappeli**, ein beliebtes Restaurant-Café in markant kuppelartigem Bau mit viel Holz und Glas (Eteläesplanadi 1). Ideal die große Terrasse, auch um den sommerlichen Darbietungen im nahen Musikpavillon zu lauschen.

Esplanadenpark → Stockmann
Man überquert die Nördliche Esplanade und beginnt seinen Bummel entlang dieser Prachtstraße Pohjoisesplanadi, der geschäftigeren der Zwillingsstraßen zu beiden Seiten des **Esplanadenparks**. Man sollte direkt neben dem Tourismusbüro einen Blick in den **Jugendsali** in der Nr. 19, einem Café mit Ausstellungsfläche zwischen herrlichen Jugendstilelementen, werfen. In kurzen Abständen folgen Geschäfte, die vor allem die weiblichen Besucher in Entzücken versetzen werden, **Modewelten** wie Annikki Karvinen, Ril's, Tazzia oder Marimekko, Designwelten im Iittala-Shop mit Glas und Keramik oder bei Aarikka mit originellem Holzschmuck.

Man passiert das **Hotel Kämp** (Nr. 29), die traditionsreichste Luxusherberge ganz Finnlands, erbaut 1887 von Theodor Höijer. Passend beginnt hier die feine Einkaufspassage Kämp Galerie. Wer will, kann eines der nun folgenden **Cafés** entern, im Sommer vielleicht gern auch draußen mit Blick auf andere Flanierende. Das Café Esplanad mit hauseigener Bäckerei (Nr. 37) bietet sich für die Einkehr ebenso an wie das Strindberg (Nr. 33) mit Lounge, Bar und Restaurant.

Gestärkt geht es zur **Akademischen Buchhandlung**, dem immer noch größten Buchladen des ganzen Nordens (Ecke Keskuskatu). Untergebracht sind die Bücherreihen in einem Backsteinbau des Architekturheroen Alvar Aalto. Das nördliche Ende der Esplanaden markiert das

Schwedische Theater (**Svenska tea-tern**). In dem unaufdringlichen und doch auffälligen, halbrunden weißen Bau wird vornehmlich für die schwedischsprachige, kulturell rege Minderheit im bilingualen Helsingfors gespielt. Schon steht man vor dem bekannten **Kaufhaus Stockmann**, gegründet 1862 von einem Lübecker Einwanderer, das man an der Mannerheimintie nach rechts umrundet, um dann für die Rücktour in die Aleksanterinkatu einzubiegen. Die rotierende Uhr über dem Haupteingang zu Skandinaviens größtem Kaufhaus ist einer der beliebtesten Treffpunkte.

Altes Studentenhaus → Senatsplatz
Der kleine Platz vor Ihnen wird beherrscht von der monumentalen Skulptur **Drei Schmiede** (Felix Nylund, 1932). Schöne Aussicht auf das Treiben auf dem Platz bietet die kleine Bierterrasse des **Alten Studentenhauses** (Vanha Ylioppilastalo). Beim Bummel entlang der Straße, zum größten Teil für Autos gesperrt, aber mit regem Tramverkehr, lohnen viele Fassaden einen Blick, so beim Kaufhaus Aleksi 13 (Nr. 13) oder am **Pohjola-Haus** (Nr. 44), ehemals Sitz einer Versicherung, einem nationalromantischen Hauptwerk des Architektentrios Gesellius, Lindgren und Saarinen (1901) mit skurril-fröhlichen Fratzen als Fassadenschmuck. Man sollte immer auch in die Verbindungsstraßen zur Nordesplanade hineinschauen, etwa in die Kluuvikatu – hier ist das **Karl Fazer Café** eine unvergleichlich süße Adresse (Nr. 3), handelt es sich doch um den besten und bekanntesten Schokoladenhersteller Finnlands, mit Schweizer Wurzeln. Und man sollte die Innenhöfe betreten, in denen man sich im Sommer auf verschiedenen Restaurant-, Bar- und Clubterrassen wunderbar entspannen und unterhalten kann: Aleksanterin piha (Nr. 15) oder Vanha Kauppakuja (Nr. 46). Der Spaziergang endet am **Senatsplatz** mit dem **Dom** – und, wer möchte, mit einer Einkehr gegenüber im **Café Engel**, Nr. 26, mit kleinem Hof.

Metropolenflair auf der Mannerheimintie: Die 5,5 Kilometer lange Prachtstraße säumen berühmte Bauten wie das Schwedische Theater und das Kaufhaus Stockmann.

Immer am Meer entlang – von der Insel Seurasaari zu Helsinkis größtem Badestrand

Charakteristik: Der Spaziergang vereint einen Ausschnitt fast aller besonderen Stärken Helsinkis: Geschichte, Kultur, Natur und Freizeitvergnügen; **Dauer:** ohne Seurasaari und Strandrast 2 Stunden; **Einkehrmöglichkeiten:** Tamminiementien kahvila, Tamminiementie 8, Tel. 05 00/60 33 78; Café Regatta, Merikannontie 10, im Sommer tgl. 10–23 Uhr; **Karte:** ⟶ S. 114, A 1–C 4

Die Tour eignet sich für Radfahrer – genauso gut aber für einen Spaziergang. Mit der Buslinie 24 fährt man vom Schwedischen Theater zur Endhaltestelle in Meilahti. Von hier aus kann man der Insel und dem Freilichtmuseum **Seurasaari** (→ Museen, S. 78) einen Besuch abstatten.

8 Folklorezentrum Tomtebo → Kunstmuseum Meilahti

Der Weg in entgegengesetzter Richtung mit Ziel Hietaniemi beginnt am **Folklorezentrum Tomtebo** mit hübschem Sommercafé und legt zunächst einen kurzen Abstecher nach Norden ein, eher er dem Ufer in östlicher Richtung folgt: zum **Urho Kekkosen museo**, das Museum des legendären Staatspräsidenten und finnischen Urgesteins Urho Kekkonen in der Villa Tamminiemi (Seurasaarentie 15; z. Zt. wegen Renovierung geschlossen). Das Villengebäude in grüner Traumlage war 1940 ein Geschenk des Kunstmäzens Amos Anderson an den Staat und den damaligen Staatspräsidenten Kallio. Kekkonen residierte hier ab 1956 bis zu seinem Tod 1986; originale Einrichtung, Dokumente und eine Auswahl der Geschenke, die er als Präsident erhielt, erinnern an ihn und schreiben ein Stück finnische Geschichte. Im Nebengebäude kredenzt das **Café Adjutant** Kaffee und Kuchen. Noch weiter nach Norden gelangt man zum **Städtischen Kunstmuseum Meilahti** (Helsingin kaupungin taidemuseo, → Museen, S. 74) – vorüber an dem zwar hochpreisigen, aber auch fulminanten **Café Tamminiementien kahvila** in herrlicher Lage, mit romantischem Interieur und einer Kuchen- und Tortenauswahl, die einem das Wasser im Munde zusammenlaufen lässt.

Mäntyniemi → Raajasaari

Zurück geht es zum Ausgangspunkt und jetzt gen Osten am Wasser entlang. Auf der Halbinsel **Mäntyniemi** befindet sich der Amtssitz der finnischen Staatspräsidenten, geschaffen vom Architektenduo Raili und Reima Pietilä. Der geschwungene Bau mit viel Holz und Glas wahrt präsidiale Privatsphäre und ist daher nicht zu besichtigen. Nördlich des Amtssitzes liegt der **Maila Talvio-Park** (**Maila Talvion puisto**) mit Denkmal zu Ehren dieser Schriftstellerin, noch weiter nach Norden öffnen sich Sport- und Grünflächen des Parks **Meilahden puisto**. Die Route umrundet jetzt die Bucht Humallahti. Schöne Rastplätze auf nackten Felsen mit guter Aussicht laden zur Pause, gleich hinter der großen Wegbiegung im Humallalahti-Park. Schließlich erreicht man den Sommerstrand – nichts anderes heißt **Kesäranta**. Auch hier ein staatlicher Amtssitz, diesmal des Ministerpräsidenten, aber auch hier keine offene Tür für Besucher. Doch die reich verzierte Holzvilla aus dem Jahr 1873 mit Zäunen, Türmchen und Teehäuschen ist auch von außen eine Augenweide. Einst Ferienhaus des Architekten F. L. Calonius, wurde sie 1904 Sommerresidenz des russischen Generalgouverneurs von Finnland. Auf der Merikannontie kommt man hinein in den Stadtteil Taka-Töölö (hinteres Töölö). Zweigt man rechts ab, erreicht

Mit Kaffee und Kuchen sorgt das Café Adjutant im Nebengebäude des Urho Kekkosen museo für das leibliche Wohl der Museumsbesucher.

man die kleine Insel **Raajasaari**. Freizeitboote schaukeln im Wind, eine der malerischsten hölzernen Teppichwasch-Plattformen lässt sich bestaunen, und mit etwas Glück kann man die Hauptstädter bei der Reinigungszeremonie der bunt gewebten Flickenteppiche beobachten.

Sibeliuspark → Hietaniemi Strand

Zurück an der Hauptstrecke, liegt bequem am linken Wegesrand eine der Hauptattraktionen Helsinkis, der **Sibeliuspark** (**Sibeliuksen puisto**) mit dem Denkmal für Finnlands größten Tondichter und Komponisten Jean Sibelius, viel besucht, gern belagert, häufig fotografiert. Man sollte nicht eine Pause im **Sommercafé Regatta** verpassen, mit Kajak- und Kanuverleih in der Merikannontie. Auf blumengeschmückter Terrasse mit bunten Sonnenstühlen beim kleinen roten Holzpavillon schmecken Kaffee und Gebäck, der traumhafte Blick aufs Wasser ist inklusive. Das **Ruderstadion** hatte seinen größten Einsatz während der Olympischen Spiele

1952. Man spaziert durch den kleinen Toivo Kuula-Park und entlang der Taivallahti-Bucht, die wieder mit Bootsstegen und dümpelnden Segelbooten aufwartet – und mit dem Café-Restaurant Mestaritalli. Und jetzt ist das Ziel nahe: Hietaniemi. Zu diesem Stadtteil gehört auch der größte **Friedhofspark** der Stadt noch südlich des Strandareals, aufgeteilt in verschiedene Bezirke nach unterschiedlichen Glaubensrichtungen. Auch die Gräber verschiedener bekannter Größen des öffentlichen Lebens finden sich hier, von Kekkonen über Mannerheim und Aalto bis Engel. Dabei überrascht der Friedhof als großer, gepflegter Stadtpark und als Oase der Ruhe. Dem Spaziergänger aber ist der lang gezogene **Badestrand** von **Hietaniemi** versprochen, mit feinem Sand und blauer Ostsee, mit Trubel und ruhigeren Fleckchen, mit Beachvolleyball und Sommerfeeling pur. Nach Meer- und Sonnenbad führt der Weg quer durch Etu-Töölö (vorderes Töölö) zurück in die Stadt.

Auf Suomenlinna – Inselwelt mit Wohnviertel, Geschichte und Erholungswert

10

Charakteristik: Suomenlinna, Inselgruppe mit gut 60 ha, war Seefestung der Stadt, wovon der Name »Finnlands Burg« ebenso zeugt wie die Festungsruinen. Fantastische Schärennatur und künstlerisches Leben machen sie zur idealen Erholungs- und Ausflugsinsel; **Dauer:** 4 Stunden bis 1 Tag; **Einkehrmöglichkeiten:** Suomenlinna Panimo Brauereirestaurant, Tel. 09/2 28 50 30, ganzjährig geöffnet; Café Kahvila Piper, Tel. 09/66 84 47, Mai–Sept. tgl.; Restaurant Walhalla, Tel. 09/66 85 22, ganzjährig geöffnet; **Karte:** ⤳ S. 91

Der Ausflug beginnt zunächst mit einer etwa 15-minütigen Spazierfahrt per **Fähre** hinüber zu den Inseln. Die Verbindung vom Marktplatz (Kauppatori) zum Hauptkai (Wasserbusse der JT-Linie steuern im Sommer Königstor/Besucherzentrum an) besteht stündlich zwischen 6.30 und 2 Uhr, im Sommer öfter. Die Inselgruppe Suomenlinna besteht aus den Inseln Iso-, Pikku- und Länsi Mustasaari sowie Susisaari mit Kustaanmiekka. Auch Särkkä gehört dazu, ist jedoch nicht mit der gleichen Fährtour direkt oder über Brücken erreichbar.

Bootsanleger ⤳ **Spielzeugmuseum**
Man verlässt die Fähre an der Landungsbrücke im Norden der Hauptinsel Iso Mustasaari. Direkt davor liegt das **Brauereirestaurant** Suomenlinna Panimo, das Selbstgebrautes und Lunch kredenzt und sich zur Einkehr anbietet. Unmittelbar im Anschluss kann man die Ausstellungen für Gegenwartskunst in den alten, lang gestreckten **Jetty-Baracken** genießen. Durch den großen Torbogen führt die gepflasterte Straße hügelan; linker Hand erscheint die **Kirche**, das auch von Land gut zu sehende Wahrzeichen Suomenlinnas, einst griechisch-orthodoxes Gotteshaus, jetzt lutherisch und immer wieder Spielort sommerlicher Konzerte. Man passiert die Bücherei der Insel – denn Suomenlinna ist nicht nur museal, sondern regulär besiedelter **Stadtteil** mit rund 1000 Einwohnern. Biegt man dann nach links ab (Suomenlinna zeichnet

sich durch gute Beschilderung aus), stößt man auf das herzige kleine **Puppen- und Spielzeugmuseum** (**Lelumuseo**), in dem den Besuchern historisches Spielzeug, Puppen und Teddys seit Beginn des 19. Jh. bis in die 1960er-Jahre entgegensehen (Juli tgl. 10–18, Juni, Aug. tgl. 10–17, Mai Mo–Fr 10–15, Sa, So 11–17, April, Sept. Sa, So 11–17 Uhr; Eintritt. 5 €, Kinder 3 €). Eine Pause kann man sich im netten Café gönnen.

Besucherzentrum ⤳ **Susisaari**
Dann geht man zum Hauptweg zurück und schwenkt gen Susisaari. Am Ufer, noch vor der Brücke, sollte man dem Besucherzentrum mehr als einen Blick schenken (Suomenlinnakeskus; www.suomenlinna.fi; 2. Jan.–30. April und 1. Okt.–31. Dez. tgl. 10–16, 2. Mai–30. Sept. tgl. 10–18 Uhr; Eintritt frei). Hier erwarten den Interessierten Informationen über die Inselwelt und ein Faltplan, hier starten etwa einstündige Rundwanderungen mit Führung, die Suomenlinnatours in Englisch von Juni bis August täglich um 11 und 14 Uhr offeriert (Ticket 7 €, Kinder 3,50 €, mit Helsinki Card frei). Und hier, malerisch an der Seepassage zwischen den Buchten Varvilahti und Tykistölahti gelegen, geht es auch hinein zu **Suomenlinna Museum** und Suomenlinna Experience. Das Museum berichtet über die Festungsgeschichte vom 18. Jh. bis heute, erzählt vom Leben auf dem Marinestützpunkt. Als Sveaborg (finnisch Viapori) gründeten die Schweden die

Festung ab 1748, August Ehrensvärd war der Baumeister. 1808 fiel das sogenannte Gibraltar des Nordens an Russland, wurde im Krimkrieg schwer beschädigt, doch nicht eingenommen. 1917 wurde mit der Unabhängigkeit die finnische Armee Herrin der Inseln, bis 1973 waren sie Militärstützpunkt. Heute gehören sie zum UNESCO-Weltkulturerbe. **Suomenlinna Experience** ist eine Breitwand-Filmpräsentation, die all dies in einer knappen halben Stunde (deutsch über Kopfhörer) beklemmend dicht illustriert (geöffnet wie Besucherzentrum; Eintritt 5 €, Kinder frei, mit Helsinki Card frei). Im Anschluss kann man nach Susisaari hinüberwandern. Wenn man den Weg nach rechts zum **Zollmuseum** (**Tullimuseo**) abbiegt, kann man die Aussichtsterrasse des Trockendocks goutieren.

Ehrensvärd-Museum → Café Piper

Wenn man dagegen auf dem Hauptweg Richtung Süden bleibt, gelangt man zum **Ehrensvärd-museo**. Das Museum, benannt nach dem Gründer der Seefestung, ist eines der ältesten Gebäude auf Suomenlinna und war Wohnhaus des Festungskommandanten bis Mitte des letzten Jahrhunderts. Originales Interieur, Schiffsmodelle und Portraits sind zu sehen (Mai–Aug. tgl. 10–17, April Sa, So 11–16, Sept. tgl. 11–16 Uhr; Eintritt 3 €, Kinder 1 €, mit Helsinki Card frei). Gar nicht kriegerisch geben sich rechter Hand der Viapori B 34 Sommer-

Suomenlinna

Museumsshop mit schönen Glaswaren, Silberschmuck und anderem Kunsthandwerk und fast gegenüber, wenn man ein wenig nach links einbiegt, das **Keramikstudio Pot Viapori**, in dem man sich im Sommer in der Verkaufsausstellung von den Werken betören lassen und manchmal auch den Künstlern des Kollektivs bei der Arbeit zuschauen kann.

Kurz vor dem Übergang nach Kustaanmiekka kann man, sich nach rechts wendend, die nächste Pause einlegen: Der Park, die wohl älteste Anlage eines englischen Gartens in Finnland, öffnet einen grandiosen Blick zum Meer hin, mittendrin lockt das **Café Piper** mit felsigen Terrassenplätzen und süßen Köstlichkeiten zur Einkehr.

U-Boot Vesikko → Königstor

Hier ließe es sich gut verweilen – würde nicht ein ganzes Stück östlich davon, wieder vom Weg ab, am Ufer eine der Hauptattraktionen Suomenlinnas warten: das **U-Boot Vesikko** (**Sukellusvene Vesikko**). Es gehört zu Finnlands Militärmuseum und imponiert als 250 Tonnen schweres Küsten-U-Boot. Gebaut wurde es nach deutschen Plänen 1932 in Turku; im Einsatz war es in den Jahren 1936–44. 1973 wurde es restauriert und öffnete als Museum (Mitte Mai–Ende Aug. tgl. 11–18 Uhr; Eintritt 4 €, Kinder 2 €, mit Helsinki Card frei). Eindrucksvoll, sich durch die engen Durchgänge zu zwängen, sich vorzustellen, nichts als diesen wenigen Raum zum Atmen zu haben, Wasser unter, neben und über sich. – Zurück zum Hauptweg: Er passiert die engere Stelle am Übergang zu Kustaanmiekka. Hier findet man am Westufer den offiziellen **Badestrand** (auch sonst gibt es Dutzende schöner Badefelsen und -stellen auf den Inseln), außerdem mehrere alte **Kanonen**, Geschützstände und Reste von Festungsmauern, von Blumen überwuchert. Der Hauptweg endet, das vornehme Restaurant **Walhalla** mit finnischer Küche und stilechten Gewölberäumen sowie die angeschlossene, preisgünstigere Pizzeria Nikolai berührend, am **Königstor** (**Kuninkaanportti**), dem 1754 errichteten Haupttor der Festung. Von hier aus kann man im Sommer mit dem seltener verkehrenden Wasserbus zurückfahren oder zu Fuß über die vielen kleinen Wege seinen individuellen Rückweg antreten.

Malerische Buchten, mit Wildblumen bewachsene Badefelsen: Suomenlinna hat sich von der wehrhaften Seefestung zum Naherholungsgebiet der Hauptstädter gewandelt.

Ausflüge in die Umgebung

Tapiola und Otaniemi

Charakteristik: Espoos Stadtteil Tapiola punktet mit attraktivem Museums- und Kulturzentrum. Der Nachbarbezirk Otaniemi, Hochschul- und Wissenschaftsstandort, trägt Alvar Aaltos Handschrift; **Dauer:** 1/2 Tag; **Anreise:** ab Helsinki Bahnhof/Elielin aukio Bus 194, 195, mit dem Auto über Ring/Kehä III; **Einkehrmöglichkeiten:** Tapion Tori, Tapiontori 1, Tel. 09/4 55 40 11; **Auskunft:** Tourismusbüro, Keskustorni (10. Stock), Pohjantie 3; www.espootravel.com; **Karte:** ⸱⸱⸱⸳ S. 114, nordwestl. A 1

Espoos Stadtteil **Tapiola**, nur wenige Fahrminuten von Helsinkis westlichem Wohnviertel auf der Insel Lauttasaari entfernt, gelangte seit den 1950er-Jahren zu internationaler Aufmerksamkeit: Namhafte und innovative finnische Architekten realisierten hier ihre Vision einer Stadt im Grünen, einer harmonischen Verbindung von Wohnen, Arbeit und Freizeit, in einem Masterplan am Reißbrett entworfen. Auch wenn der Komplex etwas in die Jahre gekommen ist, Verkehrsströme und Bebauung zugenommen haben, weiß das großzügig angelegte Areal mit seinen weiten Grünflächen und zahlreichen Blumenrabatten im Zusammenspiel mit dem Element Wasser zu begeistern. Zentrale Punkte sind heute das von Arto Sirpinen entworfene und 1999 eingeweihte **Kulturzentrum** mit Theaterbühne, Galerie und Konzertsaal in der Kaupinkalliontie 10, dahinter ein künstlicher See mit Wasserspielen und Fontänen, Schwimmbad mit Plantschbecken, Freilichtbühne, Hotel und **Kirche**. Das Gotteshaus im Kirkkopolku 6, 1965 nach Plänen Aarno Ruusuvuoris realisiert, besticht durch seine Bescheidenheit. Durchgängig dominiert im Konzept die Farbe Weiß. Um diesen Bereich gruppieren sich Verwaltungs- und Wohnblocks, mehrgeschossig, aber nicht aufdringlich. All dies ist bequem, jeweils nur wenige Gehminuten voneinander entfernt, zu erkunden. Einen hervorragenden Überblick von oben verschafft das Hochhaus **Keskustorni**, in dessen 10. Stock das Tourismusbüro residiert.

Man sollte sich vor der nächsten Etappe eine Atempause auf der Caféterrasse des Hotels Tapiola Garden, Tapionaukio 3, am angelegten Teich gönnen. Wer größeren Appetit hat, kann im **Tapion Tori** einkehren. Hier geht auch Kommissarin Kallio aus den Krimis der Erfolgsautorin Leena Lehtolainen gern speisen.

Jetzt aber lockt in der Ahertajantie 5 die Kultur: **WeeGee** heißt das museale Schwergewicht, in den 1960er-Jahren von Aarno Ruusuvuori, der auch das Innere des Helsinkier Rathauses gestaltete, für eine Großdruckerei entworfen. Nach umfangreicher Umgestaltung ist das Betonquadrat seit 2006 Heimstatt für fünf Museen, Mediazentrum, Kunstgalerie und Malschule (www.weegee.fi; Di und Fr–So 11 18, Mi, Do 11–20 Uhr; Eintritt für 5 Museen 10 €, Kinder frei, mit Helsinki Card 8 €).

Besonders beeindruckend ist das Museum für moderne Kunst, **EMMA**. In den großzügig dimensionierten, variablen und gut ausgeleuchteten Schauräumen können besonders großformatige Bilder, Installationen und Plastiken hervorragend in Szene gesetzt werden.

Die weiteren Museen halten ein munteres und buntes Kaleidoskop an Themen vor. Das **Helina-Rautavaara-Museum** widmet sich mit seiner ethnografischen Sammlung Kulturen aus Westafrika, dem mittleren Osten, Südostasien und Lateinamerika. Das **Espoo Stadtmuseum** wiederum geht einen aufschlussreichen und teils humorigen Parcours durch die bewegte Geschichte der Region zwischen Mammutstoßzahn und Alkoholschmuggel. Kinder wie Erwachsene machen große Augen im Spielzeugschloss **Leikkilinna**, wo Spiele und Spielzeug von Uroma und Uropa bis zu dem von Mama und Papa ihren Platz haben. Im reich mit unterschiedlichsten Zeitmessern bestückten **Uhrenmuseum** tickt vielleicht auch mal ein Chronometer aus der Reihe. Schließlich präsentiert die traditionsreiche **Galerie Aarni** der Künstlervereinigung Espoo interessante Einzel- und Gruppenausstellungen. Gut, dass man in der Cafeteria des WeeGee die vielfältigen Eindrücke nachwirken lassen kann.

Letztes Ziel des Ausflugs vor die Tore Helsinkis ist die **Halbinsel Otaniemi** an der Bucht Laajalahti, gleich nordöstlich neben Tapiola gelegen. Seit der Ansiedlung der **Technischen Hochschule** Mitte der 1960er-Jahre entwickelte sich um sie herum ein dichtes Netz an privaten und öffentlichen Forschungseinrichtungen und Hightech-Firmen. Ein Ort, an dem sich Zukunftsbranchen wohlfühlen. Beim Durchstreifen des Geländes lässt sich feststellen, dass der Campus der TU maßgeblich die Handschrift Alvar Aaltos trägt: so das **Audimax** mit seinen gerundeten und terrassenförmigen Stufungen, gleichsam an ein antikes Theater erinnernd. Oder auch die Bibliothek, die bis in Details die Ideen des Meisters widerspiegelt. Immer wieder lassen sich Aalto-typische Elemente entdecken: geschwungene Treppenaufgänge, kleine Asymmetrien, ovale Oberlicht-Fenster, gerippte Wandverkleidungen.

Aufmerksamkeit verdient in Otaniemi jedoch nicht nur Aalto und seine Architektur, sondern auch das Kongresszentrum **Dipoli** von 1966. Der unregelmäßige, dabei ästhetisch anregende Solitär aus grobem Naturstein, Holz und Glas stammt von den renommierten Architekten Reima Pietilä und Raili Paatelainen.

Der Ausflug lässt sich mit dem Besuch der **Kapelle** von Otaniemi in der Straße Jämeräntaival 8 beschließen. Es ist das Spiel von Licht und Farben, einfallend durch die Fensterfront, das dieses Gotteshaus, 1957 von den Architekten Kaija und Heikki Sirén erbaut, zu einem besonderen Ort der Einkehr macht.

In Hvitträsk errichteten die finnischen Architekten Gesellius, Lindgren und Saarinen Anfang des 20. Jahrhunderts ein gemeinsames Atelier im nationalromantischen Stil.

Künstlerhaus Hvitträsk

Charakteristik: Mehr als ein Museum – Architektur und Lebensgefühl der Nationalromantik; **Dauer:** 1/2 Tag; **Anreise:** Nahverkehrszug L oder U nach Luoma, von dort 2,7 km Fußweg; Bus 166 ab Kamppi; mit dem Auto über Ring/Kehä III; **Einkehrmöglichkeiten:** Café und Restaurant Hvitträsk, Tel. 09/40 50 96 30; **Künstlerhaus Hvitträsk:** Hvitträskintie 166, 02440 Luoma, Kirkkonummi; www.hvittrask.fi; 1. Mai–30. Sept. tgl. 11–17, sonst Mi– So 11–17 Uhr; Eintritt 5 €, Kinder frei; **Karte:** ⸺⸽ S. 114, nordwestl. A 1

Westlich von Helsinki schließt sich zunächst die Stadt Espoo, dann in weiterer Folge Kirkkonummi an und bildet den äußersten Rand der ausgedehnten Hauptstadtregion. Bald hinter der Gemeindegrenze stößt man auf die Hauptattraktion Kirkkonummis, das Jugendstilensemble Hvitträsk, zum Ortsteil Luoma gehörig. Es sind die Wohn- und Atelierhäuser des berühmten Architekten-Trios Eliel Saarinen, Armas Lindgren und Herman Gesellius, die hier zu besichtigen sind, in schöner Hanglage am See Vitträsk gelegen. Die Architekten sind dem Helsinki-Besucher bereits beim Nationalmuseum und beim Pohjola-Haus begegnet, Saarinen zudem als Planer des Bahnhofs von Helsinki. Die **Saarinen Villa** (→ MERIAN-Tipp, S. 95) ist denn auch ohne Zweifel das Herzstück von Hvitträsk. Sie passt sich in ein teils kultiviertes, teils naturbelassenes Parkgelände ein, Stufen führen hinunter zum Seeufer.

Das **Gesellius-Haus** war eine Villa auf der Saarinens Domizil gegenüber liegenden Hofseite. Jetzt sind hier Café und Restaurant beheimatet; etwas robuster und schwerer wirkt die Architektur, bodenständig und doch der schönen Form verpflichtet, und das Speisen in solchen Räumen verspricht ein Erlebnis besonderer Art. Das Restaurant liegt eine Etage über dem Café und serviert feine Küche; beide sind nur in den Sommermonaten geöffnet. **Lindgrens Nordflügel** brannte nach einem Blitzeinschlag 1922 ab, Saarinens nicht minder begabter Sohn Eero baute ihn 14 Jahre später wieder auf. Bis zur Mitte der 1920er-Jahre erlebte Hvitträsk seine Blütezeit, war Künstlertreff für finnische wie ausländische, meist avantgardistische Kulturschaffende aller Genres.

Zum Ensemble gehört ein **Museumsshop**, in dem man ganzjährig schöne Souvenirs und Handwerksprodukte lokaler Künstler bewundern und erwerben kann. Die Palette reicht von Glas über Keramik hin zu Schmuck und Textilien. Zum Abschluss des Besuchs empfiehlt sich ein Spaziergang im behutsam angelegten Garten. Pavillon und Skulpturen beleben das Areal, Bänke im Gemäuer laden zum Rasten, Grün rankt um Pergolas, Wege führen in den angrenzenden Waldpark.

MERIAN-Tipp

⑨ Jugendstil-Juwel: Saarinen Villa

In der Villa des Architekten Eliel Saarinen und seiner Familie ist heute das eigentliche Museum untergebracht. Das Gebäude selbst wirkt fast wie ein kleines Jugendstilschlösschen, gestaltet in Granit und Holz. 1903 wurde es mitten in den Wald gebaut. Natur und Architektur bilden ein Gesamtkunstwerk – diese Idee setzt sich auch im Inneren fort, auf eine Weise, die in ihrer Schönheit und Ganzheitlichkeit besticht. Teppiche und Textilkunst, Keramik und Geschirre, Glasintarsien und Möbel stammen aus der Hand der Künstlerfamilie Saarinen, sie schaffen eine Atmosphäre der Wärme und Lebendigkeit. ⸺⸽ S. 114, nordwestl. A 1

Porvoo

Charakteristk: Porvoo, zweitälteste Stadt Finnlands, besticht durch seine zauberhafte Altstadt und seine Lage zwischen Fluss und Meer. Die Stadt ist bequem zu Fuß zu erkunden; **Dauer:** 1/2–1 Tag; **Anreise:** Fernbus ab Kamppi; mit dem Auto über Straße 170 oder Autobahn E 18; mit dem Dampfer J. L. Runeberg ab Südhafen; geführte Exkursionen bei HelsinkiExpert (→ Auskunft, S. 107); **Einkehrmöglichkeiten:** Restaurant Wanha Laamanni, Vuorikatu 17, Tel. 0 19/58 54 26; Restaurant-Café Porvoon Paahtimo, Mannerheiminkatu 2, Tel. 0 19/61 70 40; **Auskunft:** Tourismusbüro, Rihkamakatu 4 (Altstadt); www.porvoo.fi/tourism.; **Karte:** ⋯⟩ S. 97

Porvoo mit seinen mittelalterlichen Wurzeln und seinem historisch-liebenswürdigem Flair liegt etwa 50 km östlich von Helsinki am Fluss, kurz vor der Mündung des Porvoonjoki in die Ostsee. Hier machen sich noch stärker als in Helsinki schwedische Einflüsse bemerkbar; Borgå heißt die etwa 47 000 Einwohner zählende Kleinstadt deshalb auch. Die schönste Art, nach Porvoo zu kommen, ist ohne Zweifel die mit dem betagten **Dampfer** J. L. Runeberg. Das Schiff stammt von 1912 und bewältigt eine herrliche Route durch die Schären.

Porvoos Geschichte reicht bis ins 12. Jh. zurück, Stadtrechte erhielt es 1346. Von diesen Anfängen zeugt vor allem der mittelalterliche **Dom** (Mai–Mitte Sept. Mo–Fr 10–18, Sa 10–14, So 12–16 Uhr) mit seinen dekorativen Backsteinornamenten und den ältesten Partien vom Ende des 13. Jh. Er thront jetzt wieder rundumerneuert über der Altstadt – 2006 hatte ihn ein trauriges Schicksal getroffen, als er einer Feuersbrunst durch Brandstiftung zum Opfer fiel. Jahre dauerten die aufwändigen Restaurationsarbeiten –

inzwischen ist das Gotteshaus wieder zur Besichtigung freigegeben. Der separate Glockenturm blieb von den Flammen verschont. Unweit des Doms findet man eine erste Einkehradresse mit zauberhafter Sommerterrasse, das Restaurant **Wanha Laamanni** in behutsam modernisiertem Interieur eines Holzhauses aus dem 18. Jh.

Dom → Porvoo Museum

Vom Domplatz aus spaziert man durch die zum Teil kopfsteingepflasterten Gassen der **Altstadt**. Die Häuser stammen teilweise noch aus dem 17. Jh., heute beherbergen sie nicht nur Wohnungen, sondern auch Museen, reizvolle Cafés, urige und nette Lädchen und **Geschäfte**. Da lockt qualitativ hochwertiges Kunsthandwerk bei Frö (Kirkkokatu 1), Shop und Galerie finnlandschwedischer Kunsthandwerker, da gibt es den Outlet-Laden der kleinen Bonbon- und Schokoladenfabrik Brunberg in der Välikatu 4, um nur zwei zu nennen. Nicht versäumen sollte man den Blick in den ein oder anderen der netten, begrünten Innenhöfe, versteckte Kleinode. Am Vanha Raatihuoneentori trifft man auf das Alte Rathaus der Stadt, einen rosarötlichen Bau mit Glockenturm von 1764, und darin auf das **Porvoo-Museum** (Porvoon museo; Mai–Aug. Mo–So 10–16, sonst Mi–So 12–16 Uhr; Eintritt 5 €, Kinder 1 €), das die prähistorische wie mittelalterliche Zeit Porvoos erläutert.

Altstadt → Yachthafen

Man geht nun die Mannerheimintie hoch Richtung Fluss. Von der Brücke aus hat man einen schönen Fotoblick auf die in tiefem Rot gestrichenen, hölzernen **Lager- und Speicherhäuser** am Ufer vom Ende des 18. Jh., ein wahres Postkartenmotiv. Heute sind sie in Privatbesitz und werden etwa als Freizeithäuschen mit Bootssteg genutzt. Gleich bei der Brücke sollte man im **Porvoon Paahtimo** einkehren, Restaurant, Café und Bar in einem restaurierten Backsteingebäude von 1902. Es erwarten die Gäste feine

Speisen, Kaffee aus eigener Rösterei und eine Terrasse direkt am Fluss. Jenseits (südlich) der Mannerheimintie beginnt das heutige Zentrum Porvoos. Hier wird wieder einmal die neoklassizistische Planung C. L. Engels sichtbar. Man sollte hier vor allem den Spuren des Nationaldichters J. L. Runeberg folgen – im Runeberg-Park mit seiner Skulptur ebenso wie im **Runeberg-Haus** (J.L. Runebergin koti). Das Museum in der Aleksanterinkatu 3 (1. Mai–31. Aug. Mo–So 10–16, 1. Sept.–30. April Mi–So 10–16 Uhr; Eintritt 6 €, Kinder 3 €) zeigt die originale Einrichtung der Familie Runeberg, deren Heimat Porvoo seit 1837 war; im heutigen Museumshaus lebten sie ab 1852. Geschirr, Möbel, Pflanzen, Bilder schaffen die Illusion, der große, für die finnische Identität als Nation so wichtige Dichter und

Gelehrte hätte mit den Seinen nur kurz das Haus verlassen. Gleich nebenan in der Nr. 5 findet sich eine **Skulpturensammlung** von Sohn Walter Runeberg, einem der bedeutendsten Bildhauer seiner Zeit.

Der Spaziergang endet an der Flaniermeile von der Mannerheiminkatu zum **Yachthafen**. Hier herrscht an Sonnentagen ein reges Treiben. Am Pier liegt nicht nur ein Restaurantschiff, hier laufen auch Ausflugsboote in die Schären aus und kommen die Schiffe von Helsinki an. Wie modernes Wohnen in Holz aussehen kann, erlebt man nach kurzem Uferwechsel über die Fußgängerbrücke. Der Architekt Tuomo Siitonen verwirklichte ein Quartier in ökologischer Bauweise mit Innenhöfen, traditionellen Anklängen und doch modern in Formgebung und Komfort.

Wissenswertes über Helsinki

Auch heute noch in Betrieb: Teppichwaschanlagen – die bekannteste befindet sich im Kaivopuisto (→ S. 52) –, die sich zur wahren Sehenswürdigkeit gemausert haben. Hier rücken die Hauptstädter dem Schmutz ihrer Teppiche mit Bürste und Seife zu Leibe.

Über Helsinkis wechselvolle Geschichte informiert dieses Kapitel ebenso wie über landestypische Besonderheiten. Auch praktische Tipps, sprachliche erste Hilfe und wichtige Adressen finden sich hier.

Jahreszahlen und Fakten im Überblick

Um 1000
Nach mehreren Einwanderungswellen sind vier Stämme auf dem Gebiet Finnlands heimisch geworden – im Osten die Karelier, im Norden die Samen, in der Landesmitte die Tavasten und im Südwesten entlang der Küste Finnen, die bereits regelmäßig Handel mit schwedischen Wikingern treiben und erste Kontakte zum Christentum aufbauen.

1155
Schwedenkönig Erik IX. will die finnischen Gebiete zum Christentum bekehren und Einfluss im Osten gewinnen. Ein erster Kreuzzug legt das Fundament für jahrhundertelange schwedische Vorherrschaft.

1548
Mikael Agricola, Reformator Finnlands, übersetzt das Neue Testament ins Finnische und begründet mit seinem ABC-Buch die finnische Schriftsprache.

1550
Auf Erlass von Schwedenkönig Gustav Vasa – Finnland ist inzwischen schwedische Provinz – wird an der Mündung des Flusses Vantaanjoki ein Handelsplatz gegründet. Helsingfors soll möglichst rasch zu einem Gegenpol zum wirtschaftlich potenten Reval (heute Tallinn) erwachsen.

1639
Wegen stagnierender Entwicklung wird Helsinki vom Ursprungsstandort (heute Vanhakaupunki) auf Befehl von Per Brahe sieben Kilometer näher ans offene Meer verlegt.

1748
Unter dem Kommando Augustin Ehrensvärds beginnen die Bauarbeiten an der mächtigen Festungsanlage Sveaborg (heute Suomenlinna) auf einer Inselgruppe vor den Toren der Stadt. Helsinki profitiert von den Aktivitäten und blüht auf.

1809
Während erneuter kriegerischer Auseinandersetzung zwischen Schweden und dem Zarenreich wird Helsinki durch eine Feuersbrunst zerstört und von russischen Truppen erobert. Sveaborg ergibt sich kampflos. Schweden verliert ganz Finnland; Zar Alexander I. erklärt es zum autonomen Großfürstentum.

1812
Der Zar verlegt per Dekret die Hauptstadt von Turku nach Helsinki, das nahe an Russlands neuer Metropole St. Petersburg liegt.

1816 bis 1840-er
Der neuen Rolle entsprechend soll das künftige Helsinki auch ein Spiegel der Macht des Zaren sein. J. A. Ehrenström wird beauftragt, ein Stadtbild mit repräsentativen Bauten zu realisieren. Der gebürtige Berliner C. L. Engel setzt mit neoklassizistischen Gebäuden im Empirestil diese Vorgabe hervorragend um.

1849
Elias Lönnrot veröffentlicht die erste Fassung des Nationalepos Kalevala.

1894
Nach Zeiten relativer Liberalität, besonders unter Alexander II., in der das Bewusstsein nationaler Identität unter den Finnen wächst, beginnt unter Zar Nikolaus II. eine Zeit der Russifizierung und Unterdrückung.

1917
In den russischen Revolutionswirren erklärt Finnland am 6. Dezember 1917 seine Unabhängigkeit, in die Lenin am Silvesterabend einwilligt.

Finnland ist nun ein souveräner Staat, wird jedoch bis Mai 1918 von einem Bürgerkrieg gebeutelt. Nach Kapitulation der »Roten«, die Helsinki hielten, ziehen die bürgerlichen »Weißen« unter Marschall Mannerheim siegreich in die Stadt ein.

1919
Verkündung der republikanischen Verfassung, die in wesentlichen Teilen noch heute gültig ist.

1939-44
Im »Winterkrieg« und »Fortsetzungskrieg« kommt es zwischen Finnland und der Sowjetunion zu verlustreichen Auseinandersetzungen. Trotz großer Übermacht des Gegners gelingt es Finnland, seine Souveränität zu wahren, es verliert aber große Teile Kareliens und hat erhebliche Reparationsleistungen zu erbringen. Auch Helsinki ist Ziel von Bombenangriffen. Die Halbinsel Porkkala bei Helsinki muss als Militärbasis an die Sowjets verpachtet werden (Rückgabe 1956).

1948
Nach dem Friedensschluss 1947 in Paris unterzeichnen die UdSSR und Finnland einen Freundschafts- und Beistandspakt. Finnland erlegt sich eine Politik strikter Neutralität auf. Das agrarische Finnland wandelt sich zu einem Industrieland. In Helsinki wachsen die ersten Satellitensiedlungen, auch um karelische Flüchtlinge aufzunehmen.

1952
Die Welt blickt auf Helsinki als Ausrichter der Olympischen Sommerspiele. Finnland nutzt die Chance, sich als modernes und gastfreundliches Land zu präsentieren. Die Stadt erlebt einen Bauboom.

1975
Im Helsinkier Finlandia talo (Finlandiahalle) findet die KSZE-Gipfelkonferenz statt (Konferenz über Zusammenarbeit und Sicherheit in Europa), ein Meilenstein in der Entspannungspolitik.

1990/91
Durch den Zusammenbruch der Sowjetunion und durch eigenes Verschulden gerät Finnland in eine tiefe Wirtschaftskrise. Die Arbeitslosigkeit schnellt auch in Helsinki auf bis zu 20 %. – Finnland stellt die Beziehung zu Russland auf eine neue vertragliche Grundlage.

1995
Durch konsequente Modernisierung und eine konzertierte Aktion von Politik, Wirtschaft und Gesellschaft geht Finnland gestärkt aus seiner Krise hervor. Es wird 1995 zusammen mit Nachbar Schweden Mitglied der EU.

2000
Für Helsinki ein besonderes Festjahr: Die Stadt feiert ihren 450. Gründungstag und ist zudem als Europäische Kulturhauptstadt glänzende Gastgeberin für Besucher aus aller Welt. Mit der Sozialdemokratin Tarja Halonen wird außerdem erstmals eine Frau finnische Staatspräsidentin. 2006 wird sie per direkter Volkswahl im Amt bestätigt.

2002
Finnland wird Euro-Land.

2007
Nach den Parlamentswahlen wird Finnland von einer Mitte-Rechts-Koalition (vier Parteien) unter Führung von Ministerpräsident Matti Vanhanen regiert.

2009
Helsinki expandiert weiter. Wirtschaftlich sind Helsinki und Finnland recht gut aufgestellt, sodass erwartet werden darf, dass sich trotz Konjunkturdelle eine nachhaltige Rezession wie 1990/91 nicht wiederholt.

Nie wieder sprachlos

Wichtige Wörter und Ausdrücke

ja	*kyllä*
nein	*ei*
bitte	*olkaa nyvä*
danke	*kiitos*
und	*ja*
Wie bitte?	*Anteeksi kuinka?*
Ich verstehe nicht	*En ymmärrä*
Entschuldigung	*Anteeksi*
Guten Morgen	*Hyvää huomenta*
Guten Tag	*Hyvää päivää*
Guten Abend	*Hyvää iltaa*
hallo	*hei*
Ich heiße …	*Nimeni on …*
Ich komme aus … (München)	*Tulen … (München) istä*
Wie geht's?	*Mitä kuuluu?*
Danke, gut	*Kiitos hyvää*
wer, was	*kuka, mitä*
welcher	*mikä*
wie viel	*kuinka paljon*
Wo ist …	*Missä on …*
wann	*milloin*
Wie lange …	*Kuinka kauan …*
Ich möchte …	*Haluaisin …*
Sprechen Sie Deutsch?	*Puhutteko saksaa?*
Auf Wiedersehen	*Näkemiin*
Auf Wiedersehen (wenn der Abschied endgültig ist)	*Hyvästi*
Bis gleich (unter Freunden)	*nähdään/hei*
Heute	*tänään*
Morgen	*huomenna*

Zahlen und Wochentage

eins	*yksi*
zwei	*kaksi*
drei	*kolme*
vier	*neljä*
fünf	*viisi*
sechs	*kuusi*
sieben	*seitsemän*
acht	*kahdeksan*
neun	*yhdeksän*
zehn	*kymmenen*

hundert	*sata*
fünfhundert	*viisisataa*
tausend	*tuhat*
zweitausend	*kaksituhatta*
fünftausend	*viisituhatta*
zehntausend	*kymmenentuhatta*

Montag	*maanantai*
Dienstag	*tiistai*
Mittwoch	*keskiviikko*
Donnerstag	*torstai*
Freitag	*perjantai*
Samstag	*lauantai*
Sonntag	*sunnantai*

Mit und ohne Auto unterwegs

Wie weit ist es nach … (Helsinki)?	*Kuinka pitkämatka on … (Helsinki) iin?*
Wie kommt man nach … (Helsinki)?	*Kuinka pääsemme … (Helsinki) iin?*
Wo ist …	*Missä on …*
– die nächste Werkstatt	*– lähin korjaamo*
– der Bahnhof	*– rautatieasema*
– der Busbahnhof	*– linja-autoasema/ bussiasema*
– die nächste Busstation/ U-Bahn	*– lähin bussipysäkki/ metroasema*
– der Flughafen	*– lentokenttä*
– die Touristeninformation	*– turistiinformaatio*
– die nächste Bank	*– lähin pankki*
– die nächste Tankstelle	*– lähin huoltamo*
Wo finde ich …	*Mistä löydän …*
– einen Arzt	*– lääkärin*
– eine Apotheke	*– apreekin*
Bitte voll tanken	*Tankki täyteen olkaa hyvä*
Normalbenzin/ Super/Diesel	*95 E (ohne Kat.)/ 98 (mit Kat.)/ Diesel*
bleifrei	*lyijytön*

abschleppen	hinata
Anlasser	startti
Auto	auto
Batterie	paristo, akku
Bremse	jarru
Führerschein	ajokortti
Motorrad	motska
Ölwechsel	vaihtaa öljy
Panne	konerikko
Reifen	rengas
Scheinwerfer	valonheittäjä
Vergaser	kaasutin
Zündkerze	tulppa
rechts/links	oikealle/ vasemmalle
geradeaus	suoraan (eteenpäin)
Ich möchte ein Auto/Fahrrad mieten	Haluaisin vuokrata auton/ polkupyörän
Wir hatten einen Unfall	Meille sattui onnettomuus
Eine Fahrkarte nach ... (Helsinki), bitte	Matkalippu ... (Helsinki) iin, kiitos

Übernachtung

Ich suche ein Hotel	Etsin hotellia
Ich suche ein Zimmer für ... Personen	Etsin huonetta ... ille hengelle
Haben Sie ein Zimmer frei?	Onko teillä vapaata huonetta?
– für eine Nacht	– ydeksi yöksi
– für zwei Tage	– kahdeksi päiväksi
– für eine Woche	– viikoksi
Ich habe ein Zimmer reserviert	Olen varannut huoneen
Wie viel kostet das Zimmer?	Kuinka paljon huone maksaa?
– mit Frühstück	– aamiaisella
– mit Halbpension	– puoli hoidolla
– mit Bad	kypyhuoneella
– ohne Bad	ilman kylpyä
Kann ich das Zimmer sehen?	Voinko nähdä huoneen?
Ich nehme das Zimmer	Otan huoneen

Kann ich mit Kreditkarte zahlen?	Voinko maksaa luottokortilla?
Wecken Sie mich um acht Uhr	Herättäkää minut kahdeksalta
Haben Sie noch Platz für ein Zelt/ einen Wohnwagen?	Onko teillö vielä tilaa teltalle/ asuntovaunulle?
Übernachtung	yöpyä
Schlüssel	avain

Restaurant

Die Speisekarte, bitte	Haluaisin ruokalistan
Die Rechnung, bitte	Haluaisin laskun
Ich hätte gern einen Kaffee	Haluaisin kahvia
– Espresso	– espresson
Herrentoilette	miehille
Damentoilette	naisille
Kellner/in	tarjoi/ija
Frühstück	aamiainen
Mittagessen	päivällinen
Abendessen	illallinen

Einkaufen

Wo gibt es ...	Missä on ...
Haben Sie ...	Onko teillä ...
Wie viel kostet das?	Paljonko tämä maksaa?
Es ist zu teuer	Se on liian kallis
Geben Sie mir bitte 100 Gramm/ ein Pfund/ ein Kilo	Otan sata grammaa/viisisataa grammaa/ kilon
Briefmarke	postimerkki
Zeitung	(sanoma) lehti
Danke, das ist alles	Kiitos, ei muuta
Geöffnet	avoinna
Geschlossen	suljettu/ kiinni
Bäckerei	leipomo
Lebensmittelgeschäft	elintarvikeliike
Markt	tori
alt	vanha
neu	uusi

Die wichtigsten kulinarischen Begriffe

A
ahven: Barsch
ankka: Ente
appelsiinejä: Apfelsinen

B
banaaneja: Bananen
broileri: Hähnchen

E
etikka: Essig

F
filee, seläke: Filet

H
hanhi: Gans
hauki: Hecht
hedelmä: Früchte, Obst
hedelmäsalaatti: Fruchtsalat
herkkusieniä: Champignons
herneitä: Erbsen
hillo: Kompott
hirvi: Elch
hunaja: Honig

J
jäätelö: Eis
jälkiruoka: Kompott
jänis: Hase
jauhelihapihvi: Frikadelle
jogurtti: Joghurt
juusto: Käse

K
kaakao: Kakao
kaali: Kohl
kahvi: Kaffee
kakku, leivos: Kuchen
kala: Fisch
kalkkuna: Truthahn
kampela: Flunder
kana: Huhn
kananpoika: Hähnchen
kaniini: Kaninchen
karpaloita: Moosbeeren

karppi: Karpfen
kääryle: Roulade
karviaismarjoja: Stachelbeeren
kastike: Sauce
katkarapu: Krabbe
kauravelli (-puuro):
    Haferbrei (-grütze)
keitetyt perunat: Salzkartoffeln
keitto: Suppe
kieli: Zunge
kinkku: Schinken
kirjolohi: Lachsforelle
kirsikoita: Kirschen
kivennäisvesi: Mineralwasser
konjakki: Weinbrand
kuha: Zander
kukkakaali: Blumenkohl
kurkku: Bohne
kyljys: Kotelett

L
lakkalikööri: Brombeerlikör
lakkoja: Moltebeeren
lammas: Lamm
lampaanreisi: Hammelkeule
lasi: Glas
leipä: Brot
– *vaalea leipä:* Weißbrot
– *tumma leipä:* Schwarzbrot
– *voileipä:* Butterbrot
liha: Fleisch
– *keitetty:* gekocht
– *paistettu:* gebraten
– *pariloitu:* gegrillt
– *savustettu:* geräuchert
lihapyörykkä: Fleischklößchen
likööri: Liköre
limonaadi: Limonade
lohi: Lachs
luumuja: Pflaumen

M
maito: Milch
makkara: Wurst
makkaroita: Würstchen
makrilli: Makrele

maksa: Leber
mannaryynipuuro: Grießbrei
mansikoita: Erdbeeren
mehua: Fruchtsaft
mesimarjalikööri: Himbeerlikör
metsäkauris: Reh
metso: Auerhahn
muikku: Maräne
muna: Ei
munakas: Omelett
munuaiset: Nieren
mustikkaa: Blaubeeren

O
öljy: Öl
olut: Bier
omena: Apfel
omenamehua: Apfelsaft

P
paahtoleipä: Toast
paahtopaisti: Roastbeef
päärynä: Birne
paistettu: gebraten
paistettuja munia: Spiegeleier
paistinmakkara: Bratwurst
papuja: Bohnen
pehmeäksi keitetty: weich gekocht
peltopyy: Rebhuhn
persikoita: Pfirsich
perunasose: Kartoffelbrei
perunoita: Kartoffeln
pihvi: Steak
piirakka: Pastete
pikkuleipiä: Kekse
pinaatti: Spinat
pippuri: Pfeffer
porkkanat: Karotten
poronliha: Rentierfleisch
poro: Rentier
pümäiimä: Buttermilch
punakaali: Rotkohl
punakampela: Scholle
punaviini: Rotwein
puolukoita: Preiselbeeren

R
rapu: Krebs
ranskalaiset perunat: Pommes frites

riekko: Schneehuhn
riisi: Reis
riisipuuro: Milchreis
raohosipuli: Schnittlauch
ryyppy: Schnaps

S
sämpylä: Brötchen
saksanhirvi: Hirsch
salaatteja: Salate
satsanpähkinät: Haselnüsse
savustettu lohi: geräuchert
savustettua silliä: Bückling
selkä: Rücken
sianliha: Schweinefleisch
sianpaisti: Schweinebraten
sieni: Pilz
siika: Felchen, Renke
silli: Hering
sinappi: Senf
sipulia: Zwiebeln
sitruuna: Zitrone
sokeri: Zucker
sorsa: Ente
suola: Salz
syödä: essen

T
täytekakku: Torte
taimen: Forelle
teeri: Birkhahn
tomaatti: Tomate
tonnikala: Thunfisch
turska: Dorsch

V
vadelma: Himbeere
vaahtokerma, vispikerma:
  Schlagsahne
valkosipuli: Knoblauch
valkoviini: Weißwein
vanukas: Pudding
vasikanliha: Kalbfleisch
vesi: Wasser
vihanneksia: Gemüse
vihreä salaatti: grüner
  Salat
viini: Wein
voi: Butter

Nützliche Adressen und Reiseservice

Einwohner: Finnlands Hauptstadt Helsinki zählt 570 000 Einwohner. Knapp über eine Million Menschen bewohnen die Hauptstadtregion (schließt die Nachbarstädte Vantaa und Espoo sowie die eher ländlichen Kommunen Kauniainen und Kirkkonummi ein). Zum Vergleich: Die Gesamtbevölkerung Finnlands liegt bei 5,3 Mio.

Fläche: Das Stadtgebiet umfasst 686 qkm, davon sind 187 qkm Landfläche. Den maritimen Charakter bestätigen 98 km Küstenlinie und 315 Inseln auf städtischem Territorium.

Religion: Staatskirchen sind die evangelisch-lutherische (81 % der Bevölkerung) und die orthodoxe (1,2 %) Kirche.

Sprache: 85,6 % der Helsinkier sind finnisch-, 6,1 % schwedischsprachig. Die Stadt Helsinki ist offiziell zweisprachig, entsprechend sind in Helsingfors – wie Helsinki auf Schwedisch heißt – auch alle Beschilderungen zweisprachig verfasst. Besucher kommen mit Englisch überall gut zurecht, zum Teil sogar mit Deutsch.

Administration: Helsinki ist Teil der südfinnischen Provinz Uusimaa/Nyland (deren Hauptstadt Hämeenlinna ist). Helsinkis Stadtoberhaupt wird für sieben Jahre vom 85-köpfigen Stadtrat gewählt, der selbst alle vier Jahre vom Wahlvolk eingesetzt wird. Oberbürgermeister ist seit 2005 Jussi Pajunen, welcher der gemäßigt konservativen Nationalen Sammlungspartei angehört. Im neuen Stadtrat sitzen 49 Frauen und 36 Männer, Nationale Sammlungspartei, Grüne und Sozialdemokraten bilden die größten Fraktionen.

Mit dem Auto und der Fähre

Täglich können Reisende direkt von Deutschland aus über die Ostsee die finnische Hauptstadt erreichen. Finnlines (Tel. 0 45 02/8 05 43; www. ferrycenter.fi und www.finnfaehre.de) bedient die Strecke Travemünde-Helsinki in 27 (Star-Klasse) bzw. 36 Stunden (Hansa-Klasse). Von Rostock nach Helsinki geht es mit den Superfast-Fähren der estnischen Reederei Tallink Silja (Tel. 04 51/5 89 92 22; www.tallinksilja.com) in 26 Stunden. Zielhafen ist jeweils Vuosaari östlich von Helsinkis Stadtzentrum.

Wer mit dem Pkw über Schweden fährt, gelangt mit den Fähren von Viking Line (Tel. 04 51/38 46 30; www.vikingline.de) bzw. Tallink Silja von Stockholm nach Helsinki. Zur Anreise via Schweden können Kombi-Fährtickets mit Stena Line, Scandlines und TT-Line gelöst werden.

Wer während seiner Reise nur im Stadtbereich Helsinki oder der näheren Umgebung unterwegs ist, ist auf ein Auto nicht angewiesen, da der öffentliche Nahverkehr sehr gut ausgebaut ist. Für weitere Exkursionen kann der Besucher sich bei Bedarf auch ein Auto mieten. Parkplätze in der Innenstadt sind rar bzw. teuer. In Finnland ist auch tagsüber Abblendlicht Vorschrift.

Mit dem Flugzeug

Die Linien Lufthansa (Tel. 0 18 05/ 83 84 26; www.lufthansa.com) sowie der nationale Carrier Finnair (Tel. 01 80/5 01 04 66; www.finnair.com) bieten mehrmals täglich Direktflüge zum Flughafen Helsinki-Vantaa von verschiedenen deutschen Städten aus an. Die Flugzeit beträgt im Durchschnitt rund zweieinhalb Stunden. Außerdem haben folgende Billigflieger Helsinki bzw. Finnland im Angebot: Air Berlin (www.airberlin.com)

nach Helsinki und die Fluggesell-schaft Ryan Air (www.ryanair.com) mit Zielflughafen Tampere.

Helsinki im Programm haben auch die Fluglinien Swiss Internatio-nal Air Lines (www.swiss.com, ab Zürich) und Austrian Airlines (www.aua.com, ab Wien).

Vom Flughafen Helsinki-Vantaa sind es ca. 30 Fahrminuten bis in die Innenstadt (mit Finnair-Shuttlebus, ÖPNV-Bus oder Taxi). Der Flughafen liegt in Vantaa, der nördlichen Nach-barstadt Helsinkis, und gilt als einer der kundenfreundlichsten der Welt.

Mit der Bahn

Ohne Schiff geht es nicht: Wer mit der Bahn anreist, muss trotzdem mit der Fähre übersetzen (www.bahn.de). So gerät dieser Weg eher zu aufwändig. Die Nutzung der Eisenbahn in Finn-land hingegen ist durchaus empfeh-lenswert, da pünktlich und im Ver-gleich preisgünstig (www.vr.fi).

AUSKUNFT

In Helsinki

Helsingin Kaupungin Matkailu-ja kongressitoimisto (Touristen-und Kongressbüro Helsinki)
⤳ S. 120, A 13
Pohjoisesplanadi 19 (Nähe Südhafen);
Tram 1, 3T: Kauppatori;
Tel. 09/31 01 33 00; www.visithelsinki.fi;
Mai–Sept. Mo–Fr 9–20, Sa, So 9–18,
sonst Mo–Fr 9–18, Sa, So 10–16 Uhr
Das Touristen- und Kongressbüro Helsinki bietet Broschüren und Infos rund um Helsinki; die Helsinki Hel-pers sind im Sommer mobile Info-posten im Straßenbild.

Helsinki Expert Tour Shop

⤳ S. 120, A 13
Pohjoisesplanadi 19 (Nähe Südhafen);
Tram 1, 3T: Kauppatori;
Tel. 09/22 88 15 00; www.helsinkiexpert.fi
Tickets für Sightseeing-Touren, ge-führte Ausflüge, verkauft Helsinki-Cards, Mehrfach- und Touristen-tickets für den ÖPNV und mehr.

Helsinki Expert Hotellikeskus

⤳ S. 116, A 8
in der Haupthalle des Hauptbahnhofs
(Rautatieasema), Asema aukio; Tel.
09/22 88 14 00; www.hotelbooking.fi;
Tram 3 B/T, 6, 9: Rautatieasema
Hilft Helsinki-Besuchern bei der Zim-mersuche, vermittelt Hotels und erle-digt die Hotelbuchung.

Virka Info
⤳ S. 120, B 13
Rathauslobby, Pohjoisesplanadi 11–13;
Tram 1, 3T: Kauppatori; www.virka.fi;
Mo–Fr 9–19, Sa–So 11–17 Uhr;
Eigentlich ein Service für Bewohner der Stadt, der aber Broschüren und Tipps bereithält, die auch für Besu-cher interessant sind

In Deutschland, Österreich und der Schweiz

Die finnische Zentrale für Tourismus hat inzwischen alle ihre früheren Aus-landsbüros geschlossen. Informatio-nen finden Interessierte auf der offi-ziellen Plattform www.visitfinland.de. Kontaktaufnahme nur per E-Mail: mek@mek.fi

BEHINDERTE

Eine gute Adresse für Reisende mit Handicap ist
Rullaten ry
Kauppamiehentie 6, 02100 Espoo;
Tel. 09/8 05 73 93; www.rullaten.fi
Infos über Reisemöglichkeiten und behindertengerechte Einrichtungen in ganz Finnland. Broschüre auch auf Deutsch.

Von Rullaten mitbetreut wird die Webseite www.accessibletravelling.fi.

BUCHTIPPS

Matti Rönkä, »Der Grenzgänger« (übersetzt von Gabriele Schrey-Vasa-ra, Grafit-Verlag, 2007): Viktor Kärp-pä, leicht verkrachte Existenz mit rus-sischer Vergangenheit, inzwischen Chef seiner Ein-Mann-Detektei in Hel-sinki, agiert, dabei immer sympa-thisch, auch durchaus mal in der halblegalen Grauzone. Sein Auftrag:

die verschwundene Frau eines Antiquars zu finden – und diese ist die Schwester eines estnischen Drogenhändlers. Das spannend zu lesende Werk wurde mit dem finnischen Krimipreis ausgezeichnet!

Kjell Westö, »Wo wir einst gingen« (übersetzt von Paul Berf, btb-Verlag, 2008): Das breit angelegte, berührende Epos spielt vor der Kulisse des um seine Souveränität ringenden Finnland, des Bürgerkriegs zwischen »Roten« und »Weißen« und seinen traumatischen Folgen, gespiegelt in den Schicksalen von Protagonisten aus einem von Klassengegensätzen geprägten Helsinki.

Ildiko Hamos/Ilari Sohlo, »Kultur-Schock Finnland« (Reise Know-How Verlag Rump, 2008): Finnen verstehen – um dieses Anliegen geht es in diesem amüsant-erhellenden Buch, für Einsteiger wie Finnlandkenner gleichermaßen mit Gewinn zu lesen. Die Autoren verschaffen in Fakten und Anekdoten eine interessante Innenansicht zu Alltagskultur, Sitten und Eigenarten dieser so besonderen Nordländer.

Heiner Labonde/Jessika Kuehn-Velten, »Helsinki und Hauptstadtregion« (Edition Elch, 2008): Besonders wer längere Zeit in Helsinki weilt, auch Außenbezirke oder die Nachbarstädte Espoo und Vantaa näher kennenlernen möchte, wird in diesem bewährten Regionalreiseführer jede Menge Tipps, Anregungen und Stadtbilder finden.

Diplomatische Vertretungen
In Helsinki
Botschaft der Bundesrepublik Deutschland   ⋯⟩ S. 114, westl. A 2
Krogiuksentie 4, 00340 Helsinki;
Bus 194, 195; Tel. 09/45 85 80;
www.helsinki.diplo.de;

Botschaft der Republik Österreich
⋯⟩ S. 120, B 13
Unioninkatu 22, 00130 Helsinki; Tram 1,
3T: Kauppatori; Tel. 09/6 81 86 00

Botschaft der Schweiz
⋯⟩ S. 120, A 13
Uudenmaankatu 16 A, 00120 Helsinki;
Tram 3B, 6: Fredrikinkatu;
Tel. 09/6 22 95 00

In Deutschland, Österreich und der Schweiz
Botschaft der Republik Finnland
Rauchstraße 1, D-10787 Berlin;
Tel. 0 30/50 50 30; www.finnland.de

Botschaft der Republik Finnland
Gonzagagasse 16, A-1010 Wien;
Tel. 01/53 15 90; www.finnland.at

Botschaft der Republik Finnland
Weltpoststraße 4, CH-3000 Bern;
Tel. 0 31/3 50 41 00; www.finlandia.ch

Feiertage

1. Januar	uusi vuosi Neujahrstag
6. Januar	loppiainen Dreikönigstag, die orthodoxe Kirche feiert Weihnachten
März/April	pitkäperjantai/ pääsiäinen Karfreitag und Ostern (einschließlich Ostermontag)
1. Mai	vappu Maifeiertag/Studentenkarneval)
Mai	helatorstai Christi Himmelfahrt
Mai/Juni	helluntai Pfingsten (nur Sonntag)
Juni	juhannus Mittsommer (Freitag/ Samstag am dem dem 21. Juni nächst liegenden Wochenende)
1. November	pyhäinpäivä Allerheiligen
6. Dez.	itsenäisyyspäivä Unabhängigkeitstag/ Nationalfeiertag
24.–26. Dez.	joulu Weihnachten

GELD

Finnland ist Euroland, damit entfallen Umtausch und Umrechnung. Die Münzen zeigen national spezifische Rückseiten, so fliegen auf der 1-Euro-Münze zwei Schwäne über einen von Finnlands 187 888 Seen. In den Geschäften wird die Endsumme auf 5-Cent-Beträge auf- oder abgerundet. Die Nationalbank hat nur relativ wenige 1- und 2-Cent-Münzen geprägt (bei Sammlern beliebt).

In fast allen Hotels, Restaurants und touristisch relevanten Geschäften sowie auf den Fähren werden die gängigen Kreditkarten (Eurocard/Mastercard, Visa, American Express, Diners Club) akzeptiert.

Banken haben in der Regel von Montag bis Freitag 9.15–16.30 Uhr geöffnet. Geldautomaten (»Otto«) sind zahlreich und leicht zu finden, man kann mit Maestro/EC-Karte problemlos Bargeld abheben.

INTERNET

www.visithelsinki.fi
Offizielles Portal der Touristeninformation mit vielfältigen Tipps, Hinweisen und Verlinkungen. Viele Seiten auch in deutscher Sprache. Einige Broschüren sind als Download vorhanden, z. B. auf Deutsch der jährlich aktualisierte »HelsinkiStadtführer«.

www.helsinkithisweek.fi
Online gestellt ist das aktuelle Infomagazin, das mit acht Heften im Jahr in englischer Sprache erscheint. Erstellt von der mit dem Stadttourismus kooperierenden Agentur Helsinki Expert (www.helsinkiexpert.fi).

www.helsinki.fi
Englischsprachiges Portal betrieben von Stadt und Universität zu einem bunten Themenkatalog von Tourismus und Freizeit bis Kunst und Kultur, Wissenschaft und Forschung.

www.hkl.fi
Die Homepage der städtischen Verkehrsbetriebe gibt auch auf Englisch Antwort auf Fragen zu Mobilität und ÖPNV in Helsinki und Umgebung.

http://virtual.finland.fi
Betrieben vom Außenministerium bietet die Seite Aktuelles aus finnischer Politik, Wirtschaft und Gesellschaft, mit Pressedienst.

www.finnland.de
Auftritt der finnischen Botschaft in Berlin mit wichtigen offiziellen Infos und zahlreichen Links zu Behörden und Verbänden.

www.dfg-portal.de
Großes Forum rund um Finnland, mit News, Fragen und Antworten von und für Finnlandfreunde. Betreiber: Deutsch-Finnische Gesellschaft e. V.

KLEIDUNG

In Südfinnland, also auch in Helsinki, herrscht von Frühjahr bis Herbst ein Klima, das grob mit dem in Norddeutschland vergleichbar ist, nur die Winter sind kälter. Entsprechend ist es sinnvoll und meist ausreichend, während dieser Jahreszeit ein wärmendes Oberteil für den Abend und vielleicht eine leichte Regenjacke mitzuführen. Mit legerer Kleidung kann man in Helsinki tagsüber nichts verkehrt machen. In besseren Restaurants, in Oper und Konzertsaal wird

Nebenkosten in Euro	
1 Tasse Kaffee	1,70
1 Bier (Flasche)	2,50
1 Cola	1,80
1 Brot (Weißbrot)	1,30
1 Schachtel Zigaretten	3,80
1 Liter Benzin	1,35
Fahrt mit öffentl. Verkehrsmitteln (Einzelfahrt)	2,50
Mietwagen/Tag	ab 42,00

Stand: Juni 2009

am Abend allerdings Wert auf halbwegs korrekte Kleidung gelegt. Verhalten Sie sich so, wie Sie es auch im Heimatland zu einem bestimmten Anlass oder in einer bestimmten Lokalität tun würden.

Medien

Finnlands bedeutendste Zeitung (finnischsprachig) ist »Helsingin Sanomat«. Im Internet finden Sie eine Auswahl an Meldungen in Englisch unter www.hs.fi/english. Traditionsreich ist auch die schwedischsprachige Zeitung »Hufvudstadsbladet«.

Mit mehreren Radio- und Fernsehprogrammen ist der öffentlich-rechtlich organisierte Sender YLE am Start. Inzwischen machen ihm diverse lokale und landesweit ausgestrahlte private Radio- und Fernsehstationen Konkurrenz.

Medizinische Versorgung

Der Standard im Bereich der medizinischen Versorgung ist hoch. Es gibt mehrere allgemeine und Fachkliniken und diverse Arztpraxen. Zwischen Finnland und Deutschland sowie mit Österreich besteht ein Sozialversicherungsabkommen, nicht aber mit der Schweiz. Erkundigen Sie sich vor der Reise bei Ihrer Krankenversicherung, wie diese mit Finnland abrechnet. Nehmen Sie auf jeden Fall eine Europäische Krankenversicherungskarte (bzw. Auslandskrankenschein) mit. Arztkosten werden außer bei Behandlung in Privatpraxen erstattet, Eigenanteile sind dabei zu leisten. Infos: www.dvka.de.

Notfall-Hotline
Tel. 1 00 23 (24 Std.)
Krankenhaus
Meilahden sairaalai   ⤑ S. 114, C 1
Haartmaninkatu 4, Meilahti;
Tel. 09/47 11 (24 Std.)
Apotheke
Yliopiston Apteekki   ⤑ S. 115, D 2
Mannerheimintie 96, Töölö (24 Std.);
Tel. 09/54 20 49 80

Notruf

Rettungsdienste: 112
Polizei: 100 22

Politik

Finnland ist eine parlamentarische Demokratie mit einem Parlament (einer Kammer) von 200 Abgeordneten. Derzeitiger Ministerpräsident ist der Zentrumspolitiker Matti Vanhanen, der einer Mitte-Rechts-Koalition aus konservativer Nationaler Sammlungspartei, den Grünen, dem Zentrum und der Schwedischen Volkspartei vorsteht. Staatspräsidentin ist die direkt vom Volk gewählte Sozialdemokratin Tarja Halonen. Finnland ist u. a. Mitglied des Nordischen Rats, der UNO und der EU.

Post

Postämter haben in der Regel Mo–Fr 9–18 Uhr geöffnet. Postkarten und Standardbriefe bis 20 g müssen gleichermaßen mit 0,75 € frankiert werden: Dies gilt für Sendungen im Inland wie ins EU-Ausland. Die Hauptpost befindet sich in Mannerheimin aukio 1 A (⤑ S. 115, F 4).

Rauchen

In Finnland ist das Rauchen in allen öffentlichen Gebäuden und Verkehrsmitteln sowie in Lokalen und Restaurants verboten. Hier frönen die Raucher ihrer Lust vor der Tür.

Reisedokumente

Reisende aus den Staaten der Europäischen Union und der Schweiz benötigen für Einreise und Aufenthalt lediglich einen gültigen Personalausweis bzw. Reisepass.

Reiseknigge

Gedrängelt wird in Helsinki nicht, weder an der Bushaltestelle noch am Ticketschalter gilt das Recht des Stärkeren. Bei Post, Bank und Behörden zieht man bei der Ankunft eine Nummer, die klar verrät, wann man an der Reihe ist.

Sollten Sie eine Einladung in eine Privatwohnung erhalten, ist es eine nette Geste, am Eingang die Schuhe auszuziehen – in Finnland wie in anderen nordischen Ländern auch üblich.

Beim Einkauf, im Restaurant oder erst recht bei privaten Gesprächen kann der Besucher punkten, wenn er ein oder zwei finnische Gruß- oder Dankesformeln einflicht. Da genügen schon ein »kiitos« (danke), »anteeksi« (Entschuldigung) oder »hyvää päivää« (guten Tag), und der finnische Gesprächspartner freut sich.

REISEZEIT

Helsinki ist zu jeder Jahreszeit und bei jedem Wetter eine Reise wert. Der Programmkalender ist das ganze Jahr über gefüllt, und auch Outdoor-Aktivitäten sind jederzeit möglich. Hauptsaison ist der Sommer, die Zeit der hellen Nächte. Doch auch rund um Weihnachten hat die illuminierte Stadt ihren Reiz.

SIGHTSEEING 🏃🏃

Wer Helsinki aus dem Bus mit detaillierten Erklärungen und mehreren Stopps genießen möchte, hat mit dem Anbieter Helsinki Expert gleich zwei Alternativen: die klassische, live geführte und auch in Englisch kommentierte Rundfahrt ab Olympiaterminal täglich 10.30 Uhr und die Audiotour. Hier stehen über Kopfhörer zwölf Sprachen, darunter auch deutsch, zur Auswahl, die Fahrt startet ab Infokiosk Esplanadenpark täglich um 11 Uhr, im Sommer stündlich zwischen 11 und 15 Uhr; Ticket 25 €, Kinder 7–16 Jahre 15 €, 2–6 Jahre 11 €; Audiotour mit Helsinki Card frei, Livetour mit Helsinki Card ermäßigt.

Spannend ist auch eine Fahrt mit der Pferdekutsche (Standort Esplanadenpark Nähe Kappeli) oder per Boot. Da öffnen sich die reiche Schärenwelt Helsinkis und ungewöhnliche Ausblicke auf die Silhouette der Stadt. Ab Marktplatz/Südhafen geht es mit den Reedereien Sun Lines

---

MERIAN-Tipp

🔟 Tram-Sightseeing

Eine besondere Art des Sightseeings verspricht eine Fahrt mit den beiden **Straßenbahn-Rundlinien** der Stadt. Besonders die 3T (und 3B in entgegengesetzter Richtung) passiert in ihrer Strecke in Form einer Acht viele touristische Highlights, unter anderem Marktplatz, Senatsplatz, Olympiastadion, Bahnhof, Designdistrikt, Eira. Die Tourismusinformation und das Büro der Verkehrsbetriebe HKL halten ein Faltblatt mit Infos über die Route bereit. Ergänzend ist auch die 7A (und 7B in umgekehrter Richtung) auf einer großen Rundschleife unterwegs und streift dabei Stadtteile, die eben auch jenseits normaler touristischer Pfade liegen und damit umso mehr ein Stück fremdes Helsinki bekannt machen, wie Kaisaniemi, Pasila und Sörnäinen. Das alles mit einem normalen Einzelticket, mit Helsinki Card natürlich frei.

(www.sunlines.fi) und Royal Line (www. royalline.fi), außerdem Iha Lines (www.ihalines.fi) hinaus auf die Ostsee. Zwischen 1,5 und 2,5 Stunden dauert das Vergnügen je nach gewählter Route, ab 18 € sind erwachsene Gäste dabei, Kinder ab 8 €. Mit der Helsinki Card bekommt man bei einigen Fahrten Rabatt. Beliebt sind auch abendliche Dinnercruises mit Speise und Trank.

Ideal für Sightseeing auf eigene Faust sind die Straßenbahnlinien 3T und 7A (→ MERIAN-Tipp, S. 111), beide auf einem Rundkurs unterwegs, der die wichtigsten Sehenswürdigkeiten passiert.

TELEFON

Um von Finnland ins Ausland zu telefonieren, muss man zuerst die 00 (alternativ gibt es Vorwahlen von privaten Netzanbietern, z. B. 990) wählen, dann das internationale Landeskennzeichen, gefolgt von der Ortsvorwahl ohne die erste »0« und der Nummer des Teilnehmeranschlusses.

Ländervorwahlen:
FIN → D: 00 49
FIN → A: 00 43
FIN → CH: 00 41
D, A, CH → FIN: 0 03 58 plus Ortsvorwahl (Helsinki: 09) ohne vorangestellte »0« plus Teilnehmernummer. Bei innerfinnischen Gesprächen ist die Ortsvorwahl mit »0« zu wählen.

Die nationale Telefonauskunft ist unter der Rufnummer 118, die internationale unter 02 02 08 zu erreichen.

TOILETTEN

Öffentliche WCs gibt es an zentralen Punkten der Stadt. Die Benutzung schlägt mit 0,50–1,50 € zu Buche, dafür sind die stillen Örtchen in der Regel sehr sauber. Sind die Zugänge nicht mit eindeutigem Piktogramm versehen: Damen bitte durch Tür N (naiset), Herren durch Tür M (miehet).

TRINKGELD

Trinkgeld ist weniger üblich als bei uns. Gerne können Sie aber besonders guten Service mit einem Extra würdigen. Lediglich in einigen Restaurants und bei Konzerten sollten die Garderobieren standardmäßig 1 bis 2 € für ihren Dienst erhalten.

VERKEHRSVERBINDUNGEN

Die öffentlichen Verkehrsverbindungen in Helsinki sind sehr empfehlenswert, sie sind zuverlässig, pünktlich und im Vergleich preislich eher günstig. Dies gilt für Bus, Metro, Straßenbahn und öffentliche Stadtfähren. Für Besucher lohnt der Kauf einer Touristenkarte, die für einen fest gelegten Zeitraum unbegrenztes Fahren auf allen Strecken mit allen Verkehrsmitteln erlaubt (Beispiel: 3 Tage 12 €, Kinder 6 €). Der zentrale Kundenservice mit Verkaufsstelle befindet sich im Reisezentrum Kamppi,

Kampin Matkakeskus, Narinkka 3, Erdgeschoss (⸺⟩ S. 119, F 9). Hier bekommt man neben den Karten der Helsinkier Verkehrsgesellschaft (HKL, www.hkl.fi) auch Busfahrkarten (Matkahuolto) und Fahrkarten für die Hauptstadtregion (YTV).

WIRTSCHAFT

Als einer der wichtigsten Exporthäfen des Landes ist Helsinki ein Zentrum des Handels und der Logistik. Von großer Bedeutung ist der öffentliche und private Dienstleistungssektor. In und um Helsinki finden sich namhafte Firmen der IT-Branche, der Umwelt- und Hochtechnologie. Mit mehreren Universitäten und weiteren Hochschulen ist Helsinki auch in Bildung und Forschung top. Tourismus, Messen und Kongresse spielen eine wichtige Rolle.

ZEITUNGEN UND ZEITSCHRIFTEN

In Helsinki lassen sich ausländische, auch deutsche Printmedien in größerer Auswahl im Hauptbahnhof oder in der Akademischen Buchhandlung, Pohjoisesplanadi/Ecke Keskuskatu (⸺⟩ S. 120, A 13), erwerben. In vielen Hotels ist neben englischsprachigen Fernsehsendern auch Deutsche Welle-TV zu empfangen.

ZEITVERSCHIEBUNG

In Finnland gilt die osteuropäische Zeit, die der MEZ um eine Stunde voraus ist. Da auch in Finnland die Sommerzeit regiert, bleibt diese einstündige Differenz ganzjährig bestehen.

ZOLL

Privatreisende aus Ländern der EU dürfen die meisten Waren, die sie für den persönlichen Gebrauch oder auch als Geschenk in Finnland eingekauft haben, zollfrei ein- und ausführen – auch Alkohol und Tabakwaren, hier sind aber Altersbeschränkungen zu beachten. Weitere Auskünfte unter www.zoll-d.de, www.bmf.gv.at/zoll, www.zoll.ch und www.tulli.fi.

Kartenatlas

Orientierung leicht gemacht: Mit Planquadraten und allen Orten und Sehenswürdigkeiten.

Legende

Spaziergange

○──→ Vom Markt über Helsinkis Prachtstraßen (S. 86)

○──→ Von der Insel Seurasaari zu Helsinkis größtem Badestrand (S. 88)

○──→ Suomenlinna (S. 90)

Sehenswürdigkeiten

🔟 MERIAN-TopTen

🔟 MERIAN-Tipp

▢ Sehenswürdigkeit, öffentl. Gebäude

⛪ Kirche; Kloster

✡ Synagoge

🏛 Museum

Denkmal, Gedenkstätte

Verkehr

Autobahn

Autobahnähnliche Straße

Fernverkehrsstraße

Hauptstraße

Nebenstraße

Unbefestigte Straße, Weg

Fußgängerzone

🅿 Parkmöglichkeit

🅱 Busbahnhof

🅄 U-Bahn

Bahnhof

✈ Flughafen

⚓ Schiffsanleger

Sonstiges

ℹ Information

🎭 Theater

⚖ Markt

🐘 Zoo

† † † Friedhof

A   B   C

Hvitträsk (Saarinen Villa), Villa und Studio Aalto, Gallen Kallela-museo, Espoo, Tapiola, Otaniemi

9

Didrichsens Taidemuseo, Villa Gyllenberg

Tammitie
Soihtutie
Karhutie
Riihitie
Ranta

Ram sayn-
Meilahdentie

Johannesberg ntie

Meilahden
Arboretum

Kuusitie
Pihlajatie
Mannerheimintie

Valpurin-
puisto

Mäntytie

Pacius enkatu

Meilahdentie

Jalavatie
Tehdintie
Pihlajatie
Honkatie

Tukholman-

Helsingin
kaupungin
taidemuseo

Heikinniementie

Meilahden
urheilupuisto

Pacius en-

Meilah

Urho
Kekkosen
museo

Tomtebo

Seurasaarentie

Meilahden
puisto

Meilahden
sairaala

Seurasaarentie

Maila Talvion
puisto

Seurasaarentie

Tamminiementie

Mäntyniemi

Kesäranta

Humallahti

Ulko-
museo

Karunan
kirkko

8

Ulkoilupuisto

Seurasaarenselkä

Hiekkarannagtie

Lapinlahti

A   B   118   C

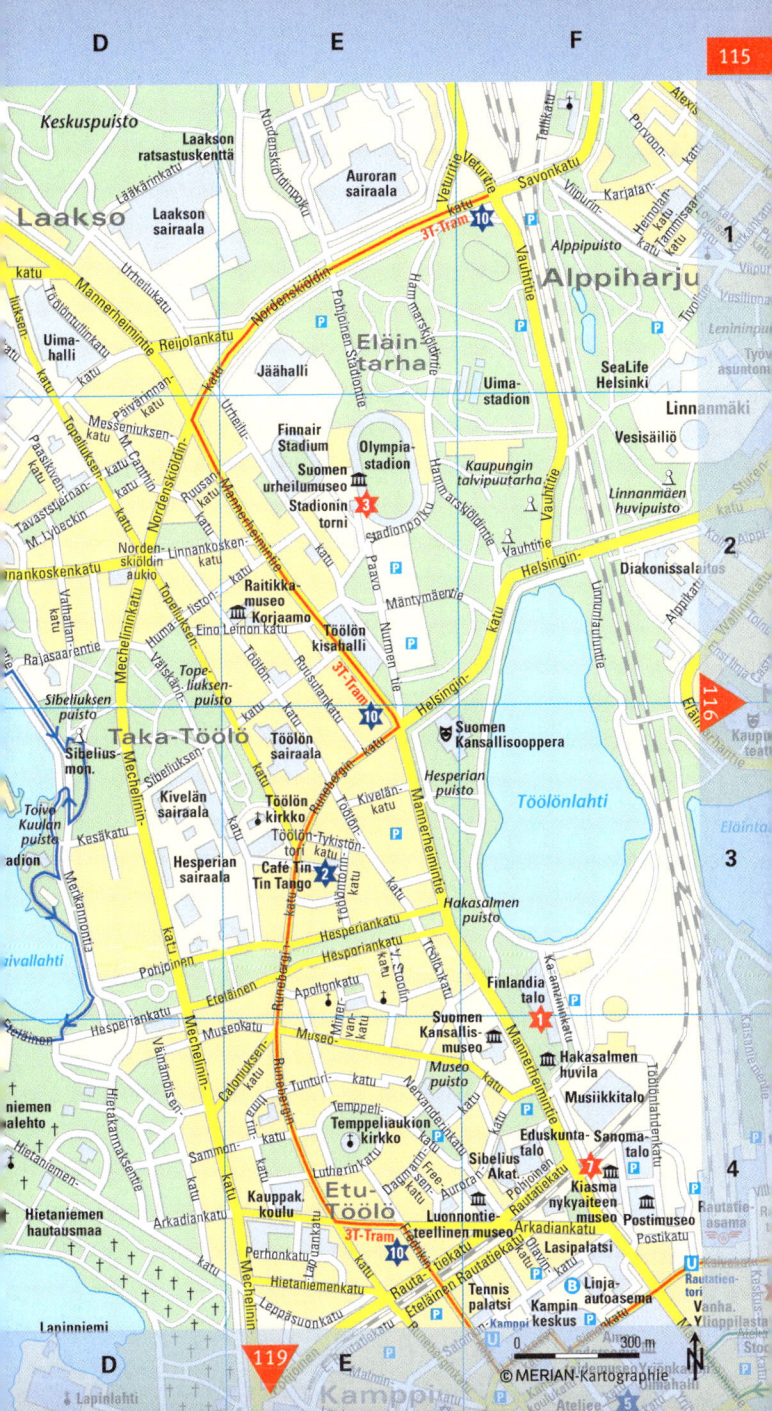

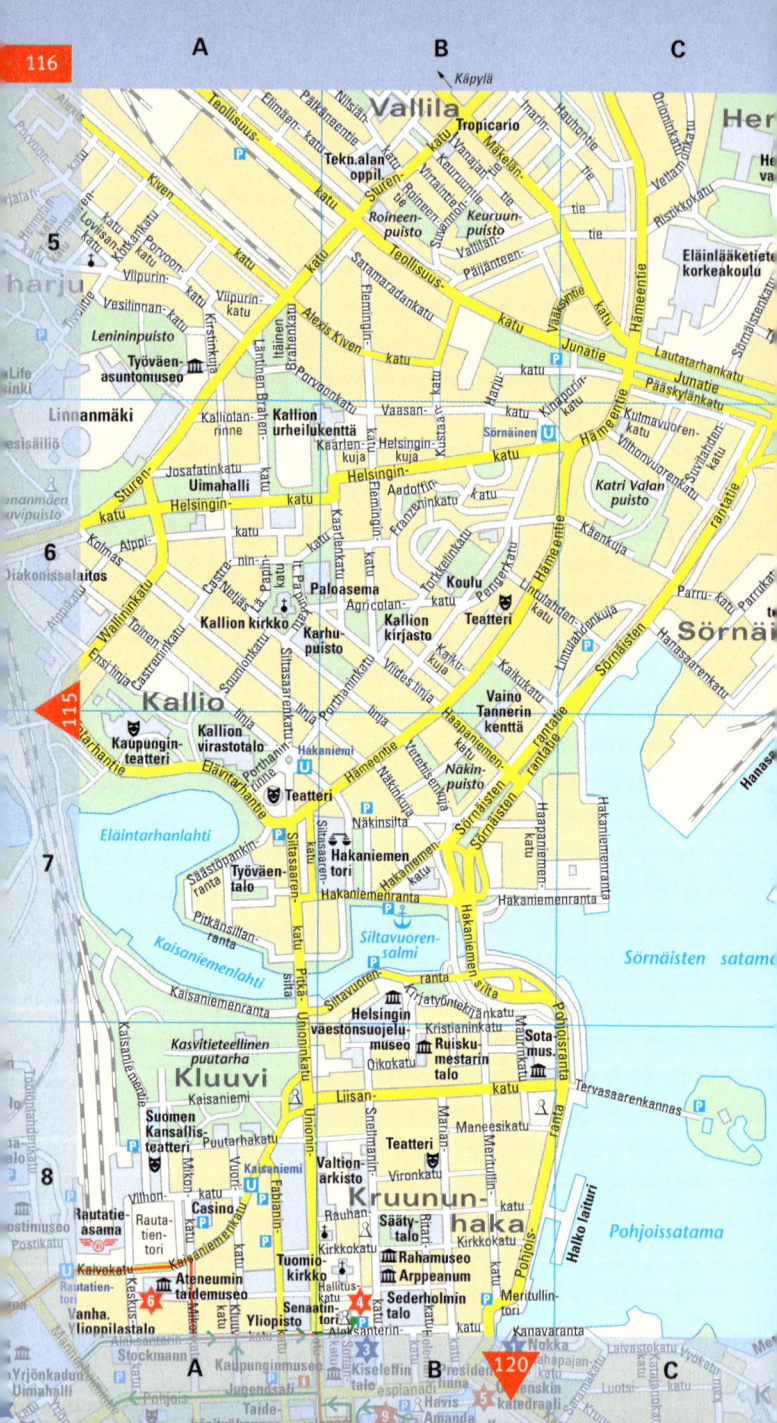

A   B   C

Käpylä

Vallila

Tropicario

Hauhontie

Tekn. alan oppil

Roineen puisto

Keuruun puisto

Eläinlääketiete korkeakoulu

5

Lenininpuisto

Työväen- asuntomuseo

Linnanmäki

Kallion urheilukenttä

Sörnäinen

Katri Valan puisto

Kallion rinne

Josafatinkatu

Uimahalli

Paloasema

Koulu

Kallion kirkko

Kallion kirjasto

Teatteri

6

Diakonissalaitos

Karhu- puisto

Sörnäi

Kallion virastotalo

Vaino Tannerin kenttä

115

Kallio

Kaupungin- teatteri

Kallion virastotalo

Hakaniemi

Näkin- puisto

Teatteri

Näkinsilta

Hanas

Eläintarhanlahti

Säästöpankin- ranta

Työväen- talo

Hakaniemen tori

Siltavuoren- salmi

Sörnäisten satam

7

Pitkänsillan- ranta

Kaisaniemenlahti

Hakaniemenranta

Kirjatyöntekijä

Helsingin väestönsuojelu- museo

Kristianinkatu

Ruiskumestarin talo

Sota- mus.

Tervasaarenkannas

Kasvitieteellinen puutarha

Oikokatu

Kluuvi

Liisan-

Maneesikatu

Pohjoissatama

Suomen Kansallis- teatteri

Kaisaniemi

Teatteri

Valtion- arkisto

Vironkatu

Kruunun- haka

Halko laituri

8

Rautatie- asema

Casino

Rautatien- tori

Säätytalo

Kirkkokatu

Rahamuseo

Meritullin- katu

Kirkkokatu

Pohjois-

Vanha Ylioppilastalo

Ateneumin taidemuseo

6

Tuomio- kirkko

Senaatin- tori

4

Arppeanum

Sederholmin talo

Kanavaranta

Nokka

Yliopisto

Aleksanterin

Stockmann

Kaupunginmuseo

3

120

A   B   C

Kulosaaren
hautausmaa

5

Lepsaarentie

Hermannin rantatie
Kyläsaaren-
ranta
Agricolan-
kuja
katu

Verkkosaaren-
ranta
Kyläsaarenkatu
Verkkokatu

Vanha
Varastokuja
katu
Talvitie
Hermannin rantatie
Kyläsaarenranta

Wäinö Aaltosentie
puistotie

Englantilais-
kallio
Kalasatama U
Itäväylä
Kulosaaren silta
Kulosaaren
Itäväylä
Kulosaarentie
P

Kaasutehtaan-
katu

Kuorekarinsalmi

6

Traiterikuja
Sompasaarenkuja

Marsalkantie
Bertel Jungin tie
P

Parrukuja

⚓

Rorokuja

Mustikkamaantie
P

Mustikkamaa

Mustikkamaan
ulkoilupuisto

7

Nihtikuja
Termimaali-
kuja
Saaren laituri

Korkea-
saari

Korkeasaaren
eläintarha

8

Kruunuvuorenselkä

0   300 m
© MERIAN-Kartographie
N

A   B   △ 114   C

9

Maamon-
lahdentie

Länsiväylä

Lapinlahden silta

Länsiväylä

Lapinlahti

Selmisaaren-
kuja

Tallbergin-
kuja

Portkalankatu

Koulu

Sa

Pohjoiskaari

Pohjoiskaari

ranta

Vesitorni

Tärlaanrulohentie

Kotilisväylä

Pohjois-
Klaärämta

Melejantie

Valokuvat.-museo

Tallberginkatu

Tammasaarenlaituri

Tammasaaren-
katu

Lauttasaaren silta

Lautasaarensalmi

Kaapeli-
tehdas

Kellosaaren-

Ruc

Lauttasaari

Lauttasaarentie

10

Kauppanneuvoksentie

Kotilisväylä

puistotie

Meri-

Pajalahdentie

Pohjoiskaari

Pajalahdentie

Lä

Pajalahdentie

Chävantie

Monitoimi-
talo

Tallbergin puistotie

Saukonkankua

Haahkatie

Heikkiläntie

Vattuniemenranta

Perttulantie

Italahden-

Melkon-

Kiviaidan-
katu

Vattuniemenkuja

Köydtkua

Vattuniemenranta

11

Vattuniemen-
tekjiäntie

Veneen-

Nahkahousuntie

katu

Melkonkuja

Veneentekjiäntie

Vattuniemen
puistotie

Koulu

Purjen-
tekjiänkuja

Lauttasaarensel

12

Lauttasaaren
ulkoilupuisto

A   B   C

13

14

15

16

min laituri

Katajanokka

Admiralin-katu

Kankatu

Katajanok-ranta

ranta

kuja

Vuosaari

Kruunuvuorenselkä

Suomenlinnan kirkko

Suomenlinna

Varvilahti

10

Ehrensvärd-museo

Tykistölahti

0   300 m

© MERIAN-Kartographie

N

Hier finden Sie alphabetisch aufgeführt alle in diesem Band beschriebenen Sehenswürdigkeiten und Museen, Hotels (H) und Restaurants (R). Außerdem enthält das Register wichtige Stichworte sowie alle MERIAN-Tipps und MERIAN-TopTen dieses Reiseführers. Wird ein Begriff mehrfach aufgeführt, verweist die **fett** gedruckte Zahl auf die Hauptnennung im Band, eine *kursive* Zahl verweist auf ein Foto.